କୃଷ୍ଣବର୍ଣ୍ଣା ଜହ୍ନ
ଓ ଅନ୍ୟାନ୍ୟ କବିତା

କୃଷ୍ଣବର୍ଣ୍ଣା ଜହ୍ନ

ଓ ଅନ୍ୟାନ୍ୟ କବିତା

ଚନ୍ଦନ କୁମାର ଦାସ

ବ୍ଲାକ୍ ଇଗଲ୍ ବୁକ୍ସ
ଭୁବନେଶ୍ୱର, ଓଡ଼ିଶା

BLACK EAGLE BOOKS
Dublin, USA

କୃଷ୍ଣବର୍ଣ୍ଣା ଜହ୍ନ ଓ ଅନ୍ୟାନ୍ୟ କବିତା / ଚନ୍ଦନ କୁମାର ଦାସ

ବ୍ଲାକ୍ ଈଗଲ୍ ବୁକ୍ସ : ଭୁବନେଶ୍ୱର, ଓଡ଼ିଶା • ଡବ୍‌ଲିନ୍, ଯୁକ୍ତରାଷ୍ଟ୍ର ଆମେରିକା

BLACK EAGLE BOOKS

USA address:
7464 Wisdom Lane
Dublin, OH 43016

India address:
E/312, Trident Galaxy, Kalinga Nagar,
Bhubaneswar-751003, Odisha, India

E-mail: info@blackeaglebooks.org
Website: www.blackeaglebooks.org

First International Edition Published by
BLACK EAGLE BOOKS, 2023

KRUSHNABARNA JANHA O ANYANYA KABITA
by **Chandan Kumar Das**

Copyright © **Chandan Kumar Das**

All rights reserved. No part of this publication may be reproduced, stored in a retrieval system, or transmitted, in any form or by any means, electronic, mechanical, photocopying, recording or otherwise without the prior permission of the publisher.

Cover & Interior Design: Ezy's Publication

ISBN- 978-1-64560-450-1 (Paperback)

Printed in the United States of America

ଉତ୍ସର୍ଗ

ବାପା-ମା'ଙ୍କୁ,

ଇଶ୍ୱରଙ୍କୁ

ଓ

ସେଇ ସମସ୍ତ ମଣିଷମାନଙ୍କୁ ଯେଉଁମାନେ ବର୍ଷାର ବିତ୍ପାତ, ଗ୍ରୀଷ୍ମର ଝାଞ୍ଜି ଏବଂ ଶୀତର ଜାଡ଼କୁ ହସିହସି ସହି ଚାଲନ୍ତି ବସନ୍ତର ସୂର୍ଯ୍ୟୋଦୟକୁ ପରିକଳ୍ପନା କରି ।

କୃତଜ୍ଞତା.....

ଧର୍ମପତ୍ନୀ ଦିପ୍ତିରାଣୀଙ୍କୁ, ଯେ ମୋର ପ୍ରଥମ ପାଠିକା ଓ ଆଲୋଚିକା।

ମୋ ପରିବାରର ସମସ୍ତ ସଦସ୍ୟଙ୍କୁ।

ମୋ ଶଶୁର, ଜଣେ ସାହିତ୍ୟ ପ୍ରେମୀ ଓ ଆଦର୍ଶ ଶିକ୍ଷକ ଶ୍ରୀ ରାଜକିଶୋର ଦାସଙ୍କୁ, ତାଙ୍କର ସୁଚିନ୍ତିତ ପରାମର୍ଶ ପାଇଁ।

ବାନ୍ଧବୀ ପ୍ରଭାତୀଙ୍କୁ, ମୋତେ ପ୍ରେରିତ କରିଥିବାରୁ।

ମୋର ଘନିଷ୍ଠ ବନ୍ଧୁ ଡା. ମନୋଜ କୁମାର ବେହେରାଙ୍କୁ, ଯାହାଙ୍କ ଦୃଢ଼ ବିଶ୍ୱାସ ଯେ ଏହି ଲେଖା ଗୁଡ଼ିକ ପ୍ରକାଶଯୋଗ୍ୟ।

ମୋର ସମସ୍ତ ଶିକ୍ଷକ ଓ ଶିକ୍ଷୟିତ୍ରୀମାନଙ୍କୁ ଯାହାଙ୍କ ଅବଦାନରୁ ଆଜି ହାତରେ କଲମ, ଚେତନାରେ ଭାବନା ଏବଂ ଓଠରେ ଶବ୍ଦ ସମ୍ଭବ ହୋଇପାରିଛି।

ପ୍ରାଧ୍ୟାପିକା ଶ୍ରୀମତୀ ରେଣୁବାଳା ଦାସ ମହୋଦୟା ଓ ପ୍ରାଧ୍ୟାପକ ଶ୍ରୀ ସଚିନ୍ଦ୍ର କର ମହୋଦୟଙ୍କୁ, ମୋତେ ଉତ୍ସାହିତ କରିଥିବାରୁ।

ମୋ ପତ୍ନୀଙ୍କ ସହକର୍ମୀ ବନ୍ଧୁ ଶ୍ରୀମତୀ ପ୍ରିୟଦର୍ଶିନୀ ଦାସଙ୍କୁ, ତାଙ୍କ ମୂଲ୍ୟବାନ ମତାମତ ପାଇଁ।

ମୋ ଆଖ ପାଖର ଯେତେ ଯେତେ ଜିନିଷ, ଯେତେ ସବୁ ମଣିଷ ତଥା ମୋର ସମସ୍ତ ସହକର୍ମୀ ବନ୍ଧୁ ଓ ଛାତ୍ରଛାତ୍ରୀମାନଙ୍କୁ, ଯାହାଙ୍କଠୁ ନିତି କିଛି ନୂଆ ଶିଖିବାର ସୁଯୋଗ ମିଳେ।

ବିଶେଷ ଭାବରେ ଶ୍ରେୟ ଦେବି ମୋର ପ୍ରାକ୍ତନ ସହକର୍ମୀ ବନ୍ଧୁ, ଗୁରୁ, ଶୁଭେଚ୍ଛୁ ଓ ବିଶିଷ୍ଟ କବି ଡା. ବଂଶୀଧର ଚୌଧୁରୀ ମହୋଦୟଙ୍କୁ ଏବଂ ମୋର ରେଭେନ୍ସା ବିଶ୍ୱବିଦ୍ୟାଳୟର ଅବସରପ୍ରାପ୍ତ ଶିକ୍ଷକ, ପ୍ରାକ୍ତନ ରାଜ୍ୟସ୍ତରୀୟ କ୍ରୀଡ଼ାବିତ୍, ଲେଖକ ଓ

ଆଲୋଚକ ପ୍ରଫେସର ଶ୍ରୀ ଚିନ୍ମୟ ଜେନା ମହୋଦୟଙ୍କୁ, ସେମାନଙ୍କର ମୂଲ୍ୟବାନ ମତ ଓ ଉପଦେଶ ପାଇଁ।

ପରିଶେଷରେ ଅଶେଷ ଧନ୍ୟବାଦ ଏ ବହିର ପ୍ରକାଶକ ବ୍ଲାକ୍ ଈଗଲ ବୁକ୍ସର ସ୍ରଷ୍ଟାଙ୍କୁ, ଯେ ମୋ ମନର ଭାବନାକୁ ପାଠକପାଠିକାଙ୍କ ପାଖରେ ପହଞ୍ଚାଇବାରେ ସହାୟକ ହୋଇଛନ୍ତି।

ସମସ୍ତଙ୍କୁ ସାଧୁବାଦ ! ସମସ୍ତଙ୍କୁ ଧନ୍ୟବାଦ !

ଅନୁଭୂତିରୁ ପଦେ

ଯେତେବେଳେ ଯେତେବେଳେ ମୁଁ କଲମ ଧରିଛି କିଛି ଲେଖିବା ପାଇଁ ଏକ ନିର୍ଦ୍ଦିଷ୍ଟ ଆଶଙ୍କା ମୋ ହୃଦୟରେ ଜନ୍ମ ନେଇଛି। ସବୁବେଳେ ସେଇ ଗୋଟିଏ ଚିନ୍ତା ଘାରିଛି- କଥା ତ ଅଛି ହେଲେ କହିବି କେମିତି ? ମୋର ନିମିତ୍ତ ଭାଷାଜ୍ଞାନକୁ ନେଇ ଲେଖିବି କେମିତି ? ମନ ଭୟଭୀତ ହୋଇଉଠେ ଥରେ ଭାବିଦେଲା ପରେ ଶାସ୍ତ୍ରୀୟ ଓଡ଼ିଆ ଭାଷା ସାହିତ୍ୟର ପୁରୋଧାମାନଙ୍କର କେତେ କେତେ ସମୃଦ୍ଧ ଓ କାଳଜୟୀ ସୃଷ୍ଟି ବିଷୟରେ। ହାଏ ସେ ଉଚ୍ଚକୋଟୀର ଶବ୍ଦ ଚାଳନା ସତେ କେତେ ସାଧନା ବଳରେ ସମ୍ଭବ ହୋଇଥିବ ସେମାନଙ୍କ ପକ୍ଷରେ !

ସବୁଥର ସେଇ ଗୋଟିଏ ଡର- କିଛି ଭୁଲ ହୋଇଯିବନି ତ ? ଆଉ ପ୍ରତ୍ୟେକ ଥର ସେଇ ଗୋଟିଏ ଆତ୍ମବିଶ୍ୱାସ ନେଇ ଲେଖିଛି ଯେ ଓଡ଼ିଆ ମୋର ମାତୃଭାଷା ଅର୍ଥାତ୍ ମୋ ମା'ର ଭାଷା, କିଛି ଭୁଲ୍ ହୋଇଗଲେ ବି ସମ୍ଭାଳି ନେବେ ମା, ସୁଧାରି ନେବେ ନିଜେ ନିଜକୁ ଆଉ ଏମିତି ହିଁ ଲେଖୁ ଲେଖୁ କଥା ଗୀତ ହୋଇଯିବ।

ମୁଖବନ୍ଧ

ସମାଜରେ ସାହିତ୍ୟର ଭୂମିକା ଯେ ଗୁରୁତ୍ୱପୂର୍ଣ୍ଣ ସେଥିରେ ତିଳେମାତ୍ର ଦ୍ୱନ୍ଦ୍ୱର ଅବକାଶ ନାହିଁ। ମୋର ସ୍ୱଳ୍ପ ଅଧ୍ୟୟନରୁ ମୁଁ ଏତିକି ବୁଝିଛି ଯେ ଏକ ସୁସ୍ଥ ଓ ପରିପକ୍ୱ ସମାଜ ଗଠନ କରିବାରେ, ମଣିଷକୁ ସମ୍ବେଦନଶୀଳ କରି ଗଢ଼ି ତୋଳିବାରେ ସାହିତ୍ୟର ଅବଦାନ ଅନନ୍ୟ। ସାହିତ୍ୟର ସାରସ୍ୱତ ସାଧକମାନଙ୍କର ପ୍ରଚେଷ୍ଟା ବଳରେ ବିଶ୍ୱ ଇତିହାସରେ କେତେ କେତେ ବୈପ୍ଳବିକ ସଂସ୍କାର ସମ୍ଭବ ହୋଇପାରିଛି। 'ତରବାରୀଠାରୁ କଲମର ବଳ ବେଶୀ' ଏକଥା ବି ସର୍ବସମ୍ମତିରେ ସର୍ବସାଧାରଣରେ ଗ୍ରାହ୍ୟ। ସୁତରାଂ ଜଣେ ଲେଖକଙ୍କର ଦାୟିତ୍ୱ କେବଳ ନିଜର ବ୍ୟକ୍ତିଗତ ଉଦ୍ଦେଶ୍ୟକୁ ଚରିତାର୍ଥ କରିବା ଏବଂ ପାଠକପାଠିକାଙ୍କ ମନୋରଞ୍ଜନ କରିବାରେ ସୀମିତ ରହେ ନାହିଁ, ବରଂ ତାଙ୍କ ସର୍ଜନା ମାଧ୍ୟମରେ ବ୍ୟବସ୍ଥାକୁ ବଦଳାଇବାର ଭରପୁର ପ୍ରୟାସ ଥାଏ ବା ରହିବା ଆବଶ୍ୟକ।

ନିଜକୁ କବି କିମ୍ବା ଲେଖକ ବୋଲି କହିବାର ଦୁଃସାହସ କେବେ କରିବି ନାହିଁ। ଏ ବହିରେ ଯାହା କିଛି

ଲେଖା ସ୍ଥାନ ପାଇଛି ସେଗୁଡ଼ିକୁ କବିତାର ଆଖ୍ୟା ଦିଆଯାଇ ପାରିବ କି ନାହିଁ ତା'ର ବିଚାର ବି ମୁଁ ପାଠକପାଠିକାମାନଙ୍କ ଉପରେ ଛାଡ଼ି ଦେଇଛି । ଏଥିରେ ଥିବା ଲେଖାଗୁଡ଼ିକ ଭିନ୍ନଭିନ୍ନ କଥାବସ୍ତୁ ଉପରେ ଆଧାରିତ । ଏସବୁର ସ୍ରଷ୍ଟା ହିସାବରେ କେବଳ ଏତିକି କହିବି ଯେ ଯେଉଁସବୁ ଭାବନା ମୋ ଛାତି ଭିତରେ ଉଙ୍କି ମାରୁଥିଲେ, ମୋ ନିସଙ୍ଗତାରେ ମୋ ଭିତରେ ଆଲୋଡ଼ନ ସୃଷ୍ଟି କରୁଥିଲେ, ସେସବୁକୁ ସାଦାକାଗଜର ଛାତି ଉପରେ ଢାଳି ଦେଇଛି । ଯେଉଁସବୁ ଅନୁଭୂତି ମୋ ଦେହ ମନରେ ରୋମାଞ୍ଚ ଭରି ଦେଇଛି, ଯେତେ ଯେତେ ଘଟଣା ମୋ ଆତ୍ମାକୁ ଆନ୍ଦୋଳିତ କରିଛି ଓ ଯେଉଁସବୁ କଥା ମୋତେ ବ୍ୟଥିତ କରିଛି, ସେସବୁକୁ ସିଧାସିଧା ବ୍ୟକ୍ତ କରିଦେଇଛି । ଯାହା ବି ଲେଖିଛି ଶୁଦ୍ଧ ଆଶା ଓ ଆକାଂକ୍ଷା ନେଇ ଲେଖିଛି ।

ପରିଶେଷରେ ଆପଣମାନଙ୍କୁ ସବିନୟ ନିବେଦନ କରିବି ଯେ ଯଦି ମୋର ଏହି ଲେଖାଗୁଡ଼ିକର ଭାବବସ୍ତୁ ଆପଣମାନଙ୍କ ମନକୁ ଛୁଏଁ ତେବେ ସେଗୁଡ଼ିକୁ ବହୁତ ସାରା ଭଲପାଇବା ଦେବେ ଏବଂ ମୋତେ ଆଶୀର୍ବାଦ କରିବା ହେବେ । ଲେଖାଗୁଡ଼ିକ ଭଲ ନଲାଗିଲେ କ୍ଷମା କରିଦେବେ । ଧନ୍ୟବାଦ ।

■

ସୂଚିପତ୍ର

କୃଷ୍ଣବର୍ଣ୍ଣା ଜହ୍ନ	୧୫
ଯନ୍ତ୍ରଣା	୧୮
ବର୍ଷା, ବସନ୍ତ ଓ ମାଟି	୨୧
ହସ	୨୫
କନ୍ୟାରତ୍ନ	୩୦
ବରଗଛ	୩୩
ଚାଲ ଯିବା	୩୬
ନାଲି	୩୮
ଭଲ	୪୦
ସମର୍ପଣ	୪୧
ଅପରାହ୍ଣ	୪୩
ସତ	୪୬
ବେପାର	୪୯
ଶିକ୍ଷକ ଭକ୍ଷକ	୫୨
ଠାକୁର ଡାକ୍ତର	୫୪
ଅଧାଗଢ଼ା ଆଖି	୫୬
ମନମାନୀ	୫୯
ରାଜନେତା	୬୧
ବଡ଼ବାବୁ	୬୪
ସମାଜସେବୀ	୬୬
ମିଡିଆ	୬୯
ମା’ ଓ ମାତୃଭୂମି	୭୧
ବହୁରୂପୀ	୭୩
ବିକୃତ ମସ୍ତିଷ୍କ	୭୬
ଅନ୍ଧ	୮୦
ହାତୀ	୮୨
ବଡ଼ଲୋକ	୮୫
ପ୍ରେମ	୮୮
କରୋନା	୯୧
ଭକ୍ତିଯୋଗ	୯୩
ହେ ଜଗନ୍ନାଥ	୯୫
ପାଇଗଲି	୯୭

କୃଷ୍ଣବର୍ଣ୍ଣା ଜହ୍ନ

ଦୁଧିଆ-ଫର୍ଚ୍ଚା ଜହ୍ନ ଦେହରେ
ସଫା ସଫା ଦେଖିହୁଏ
କୃଷ୍ଣ-ନେଳି-ଧୂସର ରଙ୍ଗର
ସେ ଦାଗ ।

କୋଉ ଏକ କଳା କିଟିମିଟିଆ କାଳରାତ୍ରୀରେ
ଦାନବ ପିଣ୍ଡଧାରୀ ଅମାବାସ୍ୟା
ଚନ୍ଦ୍ରମାର ସବୁତକ ଜୋଛନାକୁ
ଛଡାଇ ନେବାର ଉଦ୍ୟମ କଲା ।

ଅନ୍ଧାରର ଏତେ ଆସ୍ପର୍ଦ୍ଧା(?)
ସେ ପୁଣି ଆଲୋକକୁ
କାବୁ କରିବାର ଦୁଃସାହସ କରିବ,
ତାହା ପୁଣି ନରମ ଆରାମ ଶୀତଳାଲୋକ !

ଜହ୍ନକୁ ନିଜର ନକରି ତା' ତୁଷାର ରେଣୁ ଉପରେ
କେହି କଣ ନିଜର ହକ୍ ଜତାଇ ପାରେ ?
ଜହ୍ନ ମନର ପରିଭାଷାକୁ ପଢ଼ିନପାରି
ତା' ଶୀତଳ ଶିହରଣ ଉପରେ
କେହି କଣ କବ୍‌ଜା କରିପାରେ ?

ପାଷାଣ୍ଡ ଅମାବାସ୍ୟାର ଔଦ୍ଧତ୍ୟ
ପଣ୍ଡ ହେବାପରେ ତା'
ଅପୂର୍ଣ୍ଣ କାମନାମାନ
କୁହୁଳି କୁହୁଳି ଜୀଅନ୍ତା ଦହନ ହେବା ସମୟରେ
ସାଂଘାତିକ କ୍ରୋଧର ସୁଅ ଛୁଟି ଆସିଲା,
ଦେହ ମନକୁ
ଅସୁର ଅଙ୍ଗମାନକୁ,
ରାଗ ଜର୍ଜରିତ ରୋଗରେ
ଭିଡି ଆମ୍ପୁଡି ରାମ୍ପୁଡି ଦାମ୍ପୁଡି
କ୍ଷତାକ୍ତ କରିଦେଲା
ଜହ୍ନର ଦାମ୍ଭିକତାକୁ,
ତା' ସୁନ୍ଦରପଣକୁ
ଯେତେ ଥିଲା ତା'ର
ପାରିବାପଣକୁ,
ଖ୍ୟାନ୍‌ଭିନ୍ କରିଦେଲା ମୁଣ୍ଡ ଟେକିଥିବା
ତା'ର ଯେତେ ଯେତେ
ବିରୋଧାଭାସକୁ, କ୍ଷତ ପରେ କ୍ଷତ
ପୁଣି ସେଇ ସର୍ବଶେଷ କ୍ଷତ
ଅତି ଗମ୍ଭୀର ଥିଲା,
ସତେକି କୋଉ ପାଷାଣଟେ
କଅଁଳିଆ କଢ଼ିଟିର ଫୁଟିବାକୁ ଥିବା ଯୌବନ ଉପରେ
ତତଲା ପାଣି ଢାଳିଦେଲା ।

ସେହିଦିନୁ ଜହ୍ନ ରାତିକୁ ଦେଖିଲେ ଡରେ ।
ତା' ଦେହର ସେଇ ଅକୁହା କ୍ଷତରୁ
ବୁନ୍ଦା ବୁନ୍ଦା ଉଷୁମ ରକ୍ତ ଝରେ,
ଝରି ଝରି ଜମାହୁଏ
ଜହ୍ନର ଟଗରଫୁଲିଆ ଚର୍ମ ତଳେ,

ଯାହା ପ୍ରଥମେ ଶାଗୁଆ ଦିଶୁଥିଲା
ପରେ ନେଳୀ-କଳା
ଏବେ କିନ୍ତୁ କଳା କୃଷ୍ଣର ନୀଳ-ଧୂସର ରଙ୍ଗ ।

ଜହ୍ନ ଆଉ ଅମାବାସ୍ୟାର
ଆଲୁଅ ଛାଇର ଯୁଦ୍ଧ
ଅସରନ୍ତି କାଳ ଯାଏଁ ଲାଗିଥିବ,
ଜହ୍ନକୁ ନିତି ଅଳ୍ପ ଅଳ୍ପ ଭୋଜନ କରି
ଅମାବାସ୍ୟା ପୂର୍ଣ୍ଣତା ହାସଲ କରୁଥିବ,
ଗୋଟେ ଆକାଶ ପୃଷ୍ଠରେ ଥାଇବି ସୂର୍ଯ୍ୟ
ନାଚାର ହୋଇ ଜହ୍ନକୁ ଦେଖୁଥିବ
ଲହୁଲୁହାଣ ହେବାର,
ନିଜ ଦେହର ଆଞ୍ଚରେ
ଚାଉଁ ଚାଉଁ ହୋଇ ସିଝୁଥିବ,
କାନ୍ଦୁଥିବ, ପ୍ରତ୍ୟେକ ଦିନ ଅସ୍ତଯିବା ଆଗରୁ
ଜହ୍ନର ଅସହାୟତା ଦେଖି
ଅସ୍ତବ୍ୟସ୍ତ ହେଉଥିବ, ନିଜ ଅପାରଗତାର ଅଙ୍ଗାର
ନିଜ ଆଖାପାଖରେ ବୁଣୁଥିବ,
ତା' ନିପାରିଲାପଣର ରକ୍ତରେ
ପଶ୍ଚିମ ଆକାଶଟା ନିତି ଭିଜୁଥିବ,
ସଂସାରରେ ଛାଇ ଆଲୁଅର
ଆଲୁଅ ଛାଇର ଖେଳ
ଲାଗିରହିଥିବ ।

ଯନ୍ତ୍ରଣା

ଭାବିଲି
କବିତାଟେ ଲେଖିବି
ନିଜକୁ କବି ବୋଲାଇବି ।

ଲାଗିଲା
କବି ହେବାଟା ସହଜ ।

କବି ଗୁଡ଼ାକ ମିଛୁଆ
ମିଛ ବାଣ୍ଟନ୍ତି
ଥାଆନ୍ତି ମିଛରେ
କୁହନ୍ତି ମିଛ ଯନ୍ତ୍ରଣାର କଥା
ମିଛ ପୁଲକର କଥା
ମିଛ ଯୁଦ୍ଧ ଓ ଶାନ୍ତିର କଥା ।

ସତେ କଣ ମିଛୁଆ ହେବାଟା ସହଜ ?

କିଏ ମୋର ଆପଣାର
ସତ ନା ମିଛ ?
ସତ ଲେଖି ମିଛୁଆ ହେବି ନା
ମିଛ ଲେଖି ସତିଆ ହେବି ?
ସତର ସାଥ୍ ଦେବାକୁ ଚାହିଁଲି

ମିଛ କହି ଆନନ୍ଦ ପାଇଲି,
ପ୍ରୟାସ ଜାରି ରହିଲା ଲେଖିବାର
ମିଛୁଆ ହେବାର।

ଜୀବନ
ଆସି ଉଭାହେଲା
ଶବ୍ଦ ମାନଙ୍କ ଭିଡ଼ରେ
ଶବ୍ଦ ବସାଣରେ
ସେଇ ଭିତରେ ଖୋଜିଲି-
ପ୍ରେମ
କାମ
କର୍ମ ଧର୍ମ
ସତ ମତ
ଅର୍ଥ ତୀର୍ଥ
ମୂର୍ତ୍ତିରେ ଓ ପୂର୍ତ୍ତିରେ ଖୋଜିଲି,
ଦାନ ଓ ମାନରେ
ଖୋଜିଲି ଜ୍ଞାନରେ
ଅଜ୍ଞାନରେ
ଶ୍ରମରେ ଭ୍ରମରେ
ଭକ୍ତିରେ ଶକ୍ତିରେ
ଶୁଭରେ ଲାଭରେ
ଖୋଜିଲି ଯୌବନରେ
ସପନରେ
ଖୋଜିଲି ଭୁଲ ଠିକ୍‌ରେ
ଯୋଗ ଆଉ ଭୋଗରେ
ସାଧନାରେ ଆରାଧନାରେ
ଆଲୋକରେ ଖୋଜିଲି
ଅନ୍ଧାରରେ ବି ଖୋଜିଲି
ସୁଖରେ ଖୋଜିଲି

ଦୁଃଖରେ ଖୋଜିଲି
ଖୋଜିଲି ପତ୍ନୀର ହିଆରେ
ପ୍ରେମିକାର କାୟାରେ
କାହିଁ (?)
କେଉଁଠି ବି ନଥିଲା ଜୀବନ
ନଥିଲା ଖୋଜିବାର ଶେଷ
ନଥିଲା ପାଇବାର ଶେଷ
ଅଶେଷ ଏଇ ସନ୍ଧାନ
ଅଜାଡ଼ି ଦେଲା ଅଶେଷ ଯନ୍ତ୍ରଣା
ମୋ ପାଦରେ
ଛାତିରେ
ମସ୍ତିଷ୍କରେ
ଖାଲି ଯନ୍ତ୍ରଣା ଆଉ ଯନ୍ତ୍ରଣା
ଖୋଜି ପାଇବାର ଯନ୍ତ୍ରଣା
ପାଇ ଖୋଜିବାର ଯନ୍ତ୍ରଣା
ସତ୍ୟର କୋମଳ ପାହାଡ଼ ସନ୍ଧିରୁ
ଯନ୍ତ୍ରଣା
ବୁଝେଇଦେଲା ମୋତେ
ଜୀବନର ସଂଜ୍ଞା
ସଂଜ୍ଞାରୁ ଝରିପଡିଲେ -
କଞ୍ଚା କଞ୍ଚା
ମେଞ୍ଚା ମେଞ୍ଚା ଶବ୍ଦ !

■

ବର୍ଷା, ବସନ୍ତ ଓ ମାଟି

କୁଣ୍ଡାଝଡ଼ି ପରି ଝରିପଡୁଛି ମେଘ
ଝିପିଝିପି ବର୍ଷାରେ ତିନ୍ତିଯାଉଛି
ଝାଳଭିଜା ଦେହ
ସୁଲୁସୁଲିଆ ପବନଟା
ହାଲ୍‌କା ହାଲ୍‌କା ଶୀତେଇ ଦେଉଛି ।

ଏଇଟା ବିଲ ରୁଆ ବେଳ
ସ୍ୱପ୍ନର ମଞ୍ଜିମାନେ
କ୍ଷେତର ବିହନ ସାଜି
ଆଶାଭରା ଗନ୍ଧରେ ଗନ୍ଧରେ
କାଦୁଅ କ୍ଷେତ ମାଟିର ଗର୍ଭରେ
ମୁଣ୍ଡ ଟେକୁଛନ୍ତି
ମଳିମୁଣ୍ଡିଆ ମଣିଷଟେ
ଲହୁଣି ପରି ନରମ କାଦୁଅ ଛାତିରେ
ଶ୍ରମ ସିଞ୍ଚୁଛି ।

ମାଟିର ମଣିଷ ସେ
ମାଟି ବିନା ଚାଷୀର ଅସ୍ତିତ୍ୱ କାହିଁଯେ !

ବର୍ଷା ପଡୁଛି ବର୍ଷା ବଢୁଛି
କାଟି ଦଉଚି ବର୍ଷା ଦିନିଆ ମେଘ

ଧୋଇ ସାରିଛି ଝାଳ
ଏବେ ଖାଲି ପିଟୁଛି
ନଇଁପଡ଼ିଥିବା ମାଟି ମଣିଷର ପିଠିକୁ
ଛା ଛା ଚାବୁକର ମାଡ଼ !

ହିଡ଼ ଉପରେ ବସିଛି
ଚଷା ବାପୁଡ଼ାର ଟିକି ପୁଅ
ଯାକିଯୁକି ଲୁଚେଇ ଦେଇଛି
ପଝିଆ ତଳେ କଅଁଳ ତା'ର ଦେହ
ମିଟିମିଟି ଆଖି ଆଗରେ ତା'ର
ବାପର ଯନ୍ତ୍ରଣା
ନିରେଖି ତଉଲୁଛି
କାହା ପାଇଁ ଏତେ କଷଣ
ବାପର ତା'ର।

ଚଷା ମଣିଷଟେ ଭଲକରି ଜାଣେ
ବର୍ଷାର ମାଡ଼ ସହିଥିଲେ ବସନ୍ତ ମିଳେ
ବର୍ଷାକୁ ପାଇ ସବୁଜିମା ଖେଳେ
ସେ ଦେଖିପାରେ-

ବର୍ଷା ଗର୍ଭରୁ ଓହ୍ଲାଇ ଆସୁଛି ବସନ୍ତ
ପଝିଆ ତଳ ଥରଥର ହାତ ପାପୁଲିକୁ
ଆସନ୍ତା କାଲିର ସ୍ୱପ୍ନିଳ ଶେଯକୁ
ଆଜିର ଯତ୍ନ ତ ଆସନ୍ତା କାଲିର ରତ୍ନ
ସେ ଲାଗିପଡ଼େ......
ଛା ଛା ପିଟୁଥାଏ ବର୍ଷା !

ହସେ ପୁଅ
ହସିଦିଏ ବାପ

ବର୍ଷାର ଘନ କୁହୁଡ଼ିକୁ ଭେଦକରି
ଆଖିରେ ଆଖି ମିଶୁଥାଏ
ବର୍ତ୍ତମାନ ଓ ଭବିଷ୍ୟତ ମଝିରେ
ଚାଲିଥାଏ ପାଣି ଫୋଟକାର ଖେଳ
ଛେଚୁଥାଏ ବର୍ଷା !

ମାଟିର ମଣିଷ ସେ
ମାଟି ବିନା ତା' ର ଅସ୍ତିତ୍ୱ କାହିଁଯେ !

ସେ ହାରିବନି
ଓହରି ଯିବନି
ଯିବନାହିଁ ପଛକୁ ଫେରି
ଚିହ୍ନା ଚିହ୍ନା ମାଟି କାଦୁଅରେ
ଖେଳ ଖେଳିବ
ନିଜ ହାତରେ ବନାଇଥିବା ମାଟିକୁ
ଆଉ ଟିକିଏ ଉର୍ବରା କରିବ
ବୁଆଲିକୁ ଯତ୍ନରେ ପାଳିବ
ତୋଳିନେବ ସୁନାର ଫସଲ
ଜଗତର ପେଟ ପାଇଁ ଦାନା।

ସେ ଜାଣେ
ସମୟ ଦଗାଦିଆ
ଦଗାଦିଆ ବି ଇନ୍ଦ୍ରରାଜା
କାଚଖଣ୍ଡ ପରି କେତେବେଳେବି
ଚୁନା ଚୁନା ହୋଇ ଖସିପଡ଼ିବ
ସ୍ୱପ୍ନ ସମ୍ଭାବନା
ସେ ହେଇପାରେ ସୁନା ଧାନ ଅବା ସୁନା ପୁଅ।

ବଦ୍ଧପରିକର ସେ
ତା' ଶ୍ରମର ଫଳ ପାଇଁ
ସବୁ ଋତୁମାନଙ୍କୁ
ଖୋସିଦେବ ତା' ଅଣ୍ଟାରେ
ଖଳାକୁ ବୋହିନେବ
ବଞ୍ଚିବାର ରାହା
ଜୀବନକୁ ମିଳିଯିବ ସାହାରା।

ମାଟିର ମଣିଷ ସେ
ମାଟି ବିନା ଚାଷୀର ଅସ୍ତିତ୍ୱ କାହିଁ ଯେ!

ହସ

ଜୀବନକୁ ଜୀବନ ଦିଏ ହସ
ହସର ବି ଜୀବନ ଥାଏ
ପ୍ରତ୍ୟେକ ହସର ଜୀବନ ଥାଏ ।

ଗୋଟେ ଅଟୋ ପଛରେ ଲେଖା ହୋଇଥିଲା-
"ଧନରେ ଟିକେ ହସିଦେ"
ଟିକେ ହସି ଦେଇଥିଲି,
ଆଉ ଥରେ ବି ନଜର ପଡିଥିଲା ଆଉ ଏକ ପଂକ୍ତି ଉପରେ-
"ମୁଁ ଫେରିଲେ ତୁମର, ନ ଫେରିଲେ please ଭୁଲ ବୁଝିବନି"
ସମ୍ଭାଳି ପାରିନଥିଲି
ଜୋର୍‌କିନା ହସି ଦେଇଥିଲି ।

କୃଷ୍ଣ ଜାଣିଥିଲେ
ଅର୍ଜୁନ ସୁଭଦ୍ରାଙ୍କୁ ଅପହରଣ କରିଥିଲେ
କି ସୁଭଦ୍ରା ଅର୍ଜୁନଙ୍କୁ ଉଠାଇ ନେଇଥିଲେ,
ବଳରାମ ଜାଣିନଥିଲେ ଏ ଘଟଣାର ରହସ୍ୟ
କ୍ରୋଧିତ ବିବ୍ରତ ହୋଇ
ପଚାରିଲେ କୃଷ୍ଣଙ୍କୁ ସେ,
ନୀରବି ଗଲେ ନିଆଁରେ ପାଣି ପଡିଲା ପରି
କୃଷ୍ଣଙ୍କ ଉତ୍ତରରେ, କୃଷ୍ଣ କିନ୍ତୁ

ହସୁଥିଲେ ଚପା ଚପା ହସ
ସବୁ କରି କରାଉଥିବାର ହସ ।

ହସର ବି ଜୀବନ ଥାଏ !

ବସ୍ତ୍ରହରଣର ପର୍ବ ଚାଲିଥିଲା
ଜ୍ଞାନୀ ଗୁଣୀ ଗୁରୁଜନଙ୍କ ଉପସ୍ଥିତିରେ
କୁଳବଧୂ ଦ୍ରୌପଦୀଙ୍କର,
ଭରା ସଭାରେ ଜଣେହେଲେ ବି
କରିନଥିଲେ ସାହାଯ୍ୟ ମ୍ରିୟମାଣ
ଯାଜ୍ଞସେନୀଙ୍କର, ତାଙ୍କ
ଅତି ବୀର ପଞ୍ଚ ପତିଙ୍କର ସବୁତକ ସାମର୍ଥ୍ୟ
ବନ୍ଧା ପଡ଼ିଥିଲା ପଶାପାଲିର କାଉଁରୀ ହାଡ଼ଠି,
ଅସହାୟା କୃଷ୍ଣାଙ୍କ ସ୍ମରଣରେ
କୃଷ୍ଣଙ୍କର ଅଲୌକିକତା
ତାଙ୍କୁ କୋଟି ବସ୍ତ୍ର ଦେଇ
କରିଥିଲା ଲଜ୍ଜା ନିବାରଣ,
ଝରିପଡ଼ିଥିଲା ତାଙ୍କ ଓଠରୁ ହସ
ସେ ହସ ତ କୃଷ୍ଣ ପ୍ରେମର ହସ ।

ହସର ବି ଜୀବନ ଥାଏ !

ଦ୍ରୌପଦୀଙ୍କୁ ଅପମାନିତା
ଲାଞ୍ଛିତା କରିଥିବା ଦୁଃଶାସନର
ଜାନୁଭଙ୍ଗ କରି ଭୀମ ଚିରି ଦେଇଥିଲେ ତାକୁ
ଦୁଇ ଫାଳ ବାଉଁଶ ବତା ପରି,
ତା ରକ୍ତରେ ଧୋଇଥିଲେ
ଆଦିସତୀ
ନିଜର ମୁକୁଳା କେଶ,

ସେଦିନ ଓଠରେ ଥିଲା ହସ କୃଷ୍ଣାଙ୍କର
ଆତ୍ମତୃପ୍ତିର ।

ଶତ୍ରୁ ପକ୍ଷରେ ଆପଣାର ଲୋକଙ୍କୁ ଦେଖି
ଅସ୍ତ୍ର ତ୍ୟାଗ କରିଥିଲେ ଅର୍ଜୁନ
କୁରୁକ୍ଷେତ୍ରର ଧର୍ମ ଯୁଦ୍ଧରେ,
ମନରେ ଉଙ୍କିମାରୁଥିବା ପ୍ରଶ୍ନ ମାନଙ୍କର
ଖୋଜୁଥିଲେ ଉତ୍ତର,
ପଚାରିଲେ ସଖା କୃଷ୍ଣଙ୍କୁ,
ହୋଇନଥିଲେ ସନ୍ତୁଷ୍ଟ
କୃଷ୍ଣଙ୍କ ଉତ୍ତରରେ,
ଅବଶେଷରେ ଦେଖିଲେ
କୃଷ୍ଣଙ୍କର ବିଶ୍ୱରୂପ
ଯାହା ବୁଝିବାର ଥିଲା ବୁଝିଗଲେ,
ଛଳଛଳ ଆଖିରେ ଥିଲା ଆଲ୍‌ହାଦ
ଥରଥର ଓଠରେ ହସ-
ଆତ୍ମା ଓ ପରମାତ୍ମା ମିଳନର !

ହସିଥିଲେ ଶକୁନି
କୁରୁବଂଶ ଧ୍ୱଂସ ହେବା ପରେ
ହସିଥିଲେ ମାତା ସୀତା
ରାବଣର ମୃତ୍ୟୁରେ
ପୁଣି ହସିଥିଲେ ସେ
ନିଜ ଚରିତ୍ରର ପରୀକ୍ଷା ଦେବା କ୍ଷଣରେ
ଅନ୍ଧ ପିତାମାତା ହସିଥିଲେ ମନେ ମନେ
ପୁତ୍ର ଶ୍ରବଣ କୁମାରର ସେବା ଓ
ପିତୃ ମାତୃ ଭକ୍ତି ଭାବନାରେ ।

ସେଦିନ ୧୩ ଏପ୍ରିଲ ୧୯୧୯
ଜାଲିଆନାୱାଲାବାଗ ଗଣହତ୍ୟାରେ
ଇତିହାସ ପୃଷ୍ଠା ସବୁ ଭିଜିଥିଲା
ପ୍ରତାରଣାର ରକ୍ତରେ, ବେପାରୀ ବ୍ରିଟିଶର ଛଳନାରେ
ମାନବିକତା ମରିଥିଲା,
ମର୍ମନ୍ତୁଦ ଏହି ଘଟଣାକୁ ଦେଖିଥିଲା ଯେଉଁ ଯୁବକ
ସେ ନିର୍ମମ କଂସେଇ ଡାୟାରକୁ
ମୃତ୍ୟୁ ଭେଟି ଦେଇ ପ୍ରତିଶୋଧ ନେଇଥିଲା
ନିଜ ଦେଶବାସୀଙ୍କ ପ୍ରତିଟି ରକ୍ତ ବୁନ୍ଦାର,
ଇତିହାସର ସେଇ ମୁହୂର୍ତ୍ତରେ
ହସିଦେଇଥିଲା ସମୟ
ଶହୀଦ ଉଦ୍ଧାମ ସିଂ ର ଓଠରେ।

ହସର ବି ଜୀବନ ଥାଏ !

ଏମିତି କିଛି ହସ ଥିଲା ବୁଦ୍ଧଙ୍କର
ଦିବ୍ୟଜ୍ଞାନ ପ୍ରାପ୍ତିରେ ନିର୍ବାଣ ତତ୍ତ୍ୱରେ
କ୍ରୁଶବିଦ୍ଧ ଯୀଶୁଙ୍କ ଆଖିରେ
ହେମଲକ ପାନ କରୁଥିବା ସକ୍ରେଟିସଙ୍କ ଅଧରରେ
ଗାନ୍ଧୀଙ୍କ ଅହିଂସାରେ ସତ୍ୟାଗ୍ରହରେ
ଭବିଷ୍ୟତର ହସ ଲୁଚିଥିଲା
ମଣ୍ଡେଲାଙ୍କ କାରାକକ୍ଷରେ
ଗରିବ ସୁଦାମାର ବନ୍ଧୁ ପ୍ରେମ ଆଣିଥିଲା ହସ
କୃଷ୍ଣଙ୍କ ସର୍ବାଙ୍ଗରେ
ଏହି ହସ ପୁଣି ଥାଏ
ପରାଧୀନ ମଣିଷର ମୁକ୍ତି ଇଲାକାରେ ....

ମୋନାଲିସାର ହସ କହେ-
ଜମା କିଛି ନକହିବି ଦୁନିଆ ଯାକର କଥା କହିହୁଏ,

ଯାହା ଦୃଶ୍ୟମାନ ତାହା ତାହା
ତାହା ପୁଣି ହୋଇନପାରେ ତାହା ।
ପିଞ୍ଜରାରୁ ବାହାରି ପକ୍ଷୀ ହସେ
ଅନ୍ଧବିଶ୍ୱାସରୁ ମୁକୁଳି ସଭ୍ୟତା ହସେ
ଶାନ୍ତି ହସେ ଯୁଦ୍ଧକୁ ପରାସ୍ତ କରି
ହସନ୍ତି ସ୍ରଷ୍ଟା ଜଗତର ଶୁଦ୍ଧ ସମ୍ଭାବନାକୁ ଦେଖି
ହସେ ମାଆ ପୁଅ ଯୋଗ୍ୟ ହେଲେ
ବାପ ହସେ ଝିଅକୁ ଆତ୍ମନିର୍ଭରଶୀଳ ଦେଖି
ନବଦମ୍ପତି ହସନ୍ତି ବାପା ମାଆ ହେଲେ
ଋତୁ ହସେ ଋତୁଚକ୍ରରେ ରୂପବତୀ ହୋଇ
ମୃତ୍ୟୁ ପୂର୍ବରୁ ଜୀବନର ମିଠା ସ୍ମୃତି ସବୁକୁ ମନେପକାଇ
ମଣିଷ ହସେ ।

ଏକ ଯୁଗର ଅନ୍ତରାଳେ
ପ୍ରେମିକା ସହ ସାକ୍ଷାତ୍ ବେଳେ
ତାଙ୍କ ମୁହଁରେ ହସ ଦେଖିଦେଲେ ଲାଗେ
ଜୀବନ ଆଉ ମୃତ୍ୟୁ
ଥାଆନ୍ତି ଏକାଠି !

ଏମିତି ଚାଲିଥାଏ ଜୀବନ
କେତେ କେତେ ହସରେ...
ହସେ ଜୀବନ ହସେ ସଂସାର
ହସେ ହସ ।

ହସର ବି ଜୀବନ ଥାଏ !
ପ୍ରତ୍ୟେକ ହସର ଜୀବନ ଥାଏ !

■

କନ୍ୟାରତ୍ନ

ମୋ କନ୍ୟାରତ୍ନ ଦିବ୍ୟଙ୍କା
କୁନି ଝିଅଟେ ସେ
ହେଲେ
ବଡ଼ ବଡ଼ କଥା କହେ
ବଡ଼ଲୋକ ପରି ।

ପତଳା ରୋଗୀଣା
କିନ୍ତୁ ଭାରି ପ୍ରବୀଣା
ବୁଝିନିଏ ସବୁ ଅତି ସହଜରେ
କହିଦିଏ ସବୁ ନିର୍ଭୁଲ ଭାବରେ
ତା' କୋମଳ କଣ୍ଠରେ କହିଦିଏ
କେତେ ମର୍ମଭରା କଥା ।

ସମୟେ ସମୟେ ବସି ଭାବେ
କୋଉଠୁ ଆଣୁଛି ସେ ଏତେ କଥା
କୋଉଠୁ ଜାଣୁଛି ?
ସତରେ କଣ କିଏ ତାକୁ ଶିଖଉଛି
ନା ସେ ଶିଖିକରି ଆସିଛି
ପୂର୍ବଜନ୍ମରୁ !

ଡରଲାଗେ,
ଭାବି ଡରଲାଗେ ମୋତେ
ବୁଝି ଦବକି(?) ସେ ବୁଝିବା ଆଗରୁ
ଜୀବନର ଯେତେ କଥା ଯେତେ ବ୍ୟଥା
ଜାଣିଛିକି ସେ (?) ଆସିଛି ଜାଣିକରି
ମୋ କୁଳେ ଜନ୍ମିଛି ମୋ ଭାଗ୍ୟେ ଫଳିଛି।

ସେ କିଏ ଥିଲା ମୋର ପୂର୍ବଜନ୍ମରେ ?
ମୋ ରୋଗଗ୍ରସ୍ତା ପରିତ୍ୟକ୍ତା ଜନନୀ
ନା ବହୁ ଆଶାକରି କିଛି ପାଇନଥିବା ପତ୍ନୀ
ଥିଲାକି ସେ ମୋ ପ୍ରତାରିତା ପ୍ରେମିକା
ଅବା ବାପ ହିତ କରି ନିଜ ଇଚ୍ଛା ମାରି ବିଭା ହୋଇଥିବା ଦୁହିତା।

କିଛିତ ଥିଲା ନିଶ୍ଚୟ
କିଛି ତ ଅଛି ନିଶ୍ଚୟ ଅଛି
ଯେଉଁଥି ପାଇଁ ସେ ଲେଉଟି ଆସିଛି
ହିସାବ ନିକାଶ କରିବାକୁ
ଗଲା ଜନ୍ମର କ୍ଷତ ଭରଣା କରିବାକୁ।

ଠୋ ଠୋ ବସାଉଛି
ମୋ ଗାଲରେ ପିଠିରେ
ଶିଖଉଛି ଉଚିତ୍ ଅନୁଚିତର କଥା
ଶିଖୁଛି ମୁଁ ବିନମ୍ର ଭାବରେ
ତା' ଶିଖାଇବାରେ ପୂରା ସହଯୋଗ କରୁଛି
ମାଆ ଭାରିଜା ପ୍ରେମିକା ଦୁହିତା ସଭିଙ୍କ କୋହ ତା'ଠି ଦେଖୁଛି।

ବାଡ଼ାଏ ମତେ ସେ
କଥା କଥାରେ ପ୍ରତି କଥାରେ
ମାଡ଼ ତଳେ ପଡ଼ିଗଲେ ଗୋଟେଇ ଉଠେଇ ମାରେ

ପ୍ରତିଟି ଚାପୁଡ଼ା ବ୍ରହ୍ମ ଚାପୁଡ଼ା !
ଚାପୁଡ଼ା ଚାପୁଡ଼ାରେ ଦେଖାଉଥାଏ
ପଥ ଭୁଲ ଠିକର
ପଢ଼ାଉଥାଏ ପାଠ ଭଲପାଇବାର ।

ବାପା ସହ ଖେଳେ ବାପାକୁ ଗାଳେ
ଘାଣ୍ଟି ଚକଟୁଥାଏ ବାପାକୁ
ଜିଦିଆ ମନୁଆ ମନ ତା'ର
ବାପା ଉପରେ ରାଗିଯାଇ ଅଭିମାନ କରେ
କାନ ଧରି ଭୁଲ ମଗାଏ
ତଥାପି ସେ ମୋର
ମତେ ଭଲପାଏ ।

ଆଗ ଜନ୍ମରୁ ଜନ୍ମ ଆଗରୁ ଘଟିଥିଲା କିଛି ଘଟଣା
ତେଣୁ ସେ ଜନମିଲା ହୋଇ ରୋଗୀଣା
ବାପ ଲଗାଇଥିଲା କାଳ ଛାତିରେ ତାଳ
କାଳଚକ୍ରର ଚକ୍ରବ୍ୟୁହରେ ଝିଅ ପାଇଁ ହେଲା କାଳ
ପ୍ରାୟଶ୍ଚିତ ପାଇଁ ପ୍ରସ୍ତୁତ ଅଛି ମୁଁ
ବଦଳିବାକୁ ତା' ଇହକାଳ ପରକାଳ ।

ଚାଲ ଆମ ଝିଅମାନଙ୍କୁ ବୁଝିବା
ଆଗ ଜନ୍ମର ଜନ୍ମ ପରର
ବାକିଆ ତାଙ୍କର ଶୁଝିବା
ଚାଲ ଆମେ ଭଲପାଇବା
ଆମ କୁନି ମା' ମାନଙ୍କର ବାପା ହେବା ।

ବରଗଛ

ବରଗଛ ମାଟିର
ସମସ୍ତଙ୍କର,
ସେ ବଞ୍ଚେ
ବେଶୀ ବେଶୀରେ
ମରିଯାଏ
ମହାନ ହୋଇ ।

ମାନେ ନଥାଏ ବଞ୍ଚିବାରେ
ବଢ଼ିବାରେ
ଆକାଶ ଛୁଇଁବାରେ
ତାଳଗଛ ପରି
ଅନ୍ୟର ସାହାରା ହେବା ଦୂର
ନିଜ ଛାଇକୁବି ନିଜର କରିପାରେନା ।

ଗାଁ ବିଦ୍ୟାଳୟ ପାଖର ସେ ବଡ଼ ଗଛ
ବିଶାଳକାୟ ଅସହାୟ
ବୃଦ୍ଧ ବରଗଛ !

ବହୁତ୍ ଦେଇଛି
ଏ ବୁଢ଼ା ବରଗଛ !
ଜୀବନକୁ ଜାଗା ଦେଲା ତା' ଛାତି ଉପରେ

ଛାଇ ଦେଲା
ଛାତ ଦେଲା
ଜିଇ ରଖିଥିଲା ସଭିଙ୍କୁ
ନିଜ ବାହୁ ତଳେ ।

କେବେ କରିନାହିଁ ଭେଦଭାବ
ଦେବା ପଣରେ,
କାଉ କୋଇଲି ବଣି ଅବା ଶୁଆ ସାରୀ
କିଛି କମ୍ ନେଇ ନାହାନ୍ତି କେହି,
କୋଳେଇଛି ଖେଳେଇଛି କାନ୍ଧରେ ବସାଇଛି ଜୀବନକୁ
ନିଜେ କାନ୍ଦି ହସାଇଛି ତାକୁ ହା ହା କରି କାନ୍ଦିବା ପର୍ଯ୍ୟନ୍ତ,
ତା' ମଳ ମୂତ୍ରରେ ନିଜ ଦେହ ଅସନା ହେବାର ଦେଖିଛି
ସହିଛି ଖୁସିରେ ଖୁସିରେ ।

ଖେଳିଥିଲେ କୁନି ନିଷ୍ପାପ ମଣିଷଗୁଡ଼ା
ତା' ବାହୁ ତଳେ ଛାଇ ତଳେ
ତା' ଓହଳରେ ଦୋଳି ଝୁଲିଥିଲେ,
କ୍ଲାନ୍ତ ବାଟୋଇ କିଛି
ତା' ଶୀତଳ ଛାଇରେ
ଭାଗ ବସାଇଥିଲେ ।

ଏସବୁତ ସେଦିନର କଥା
ସୁଖ ଦିନଗୁଡ଼ାକର କଥା
ଏବେ ଖାଲି ବ୍ୟଥା
ସବୁ କଥାରେ ବ୍ୟଥା-
କଥା,
ବାହୁରେ ବଳ ନଥିବାର
ଗଣ୍ଡିରେ ରସ ନଥିବାର
ପତ୍ର ଝଡ଼ିଯିବାର

ଓହଳ ଶୁଖିଯିବାର
ବ୍ୟଥା,
ପକ୍ଷୀସବୁ ଉଡ଼ିଯିବାର
କୁନି ନିଷ୍ପାପ ମଣିଷଗୁଡ଼ା
ଛୋଟ ଲୋକ ହେବାର।

କଥା, ଏତ ସିଧା ଠିଆ ହୋଇଥିବା ବରଗଛର
ବ୍ୟଥା, କେବେ ନଇଁ ନଥିବା ବଡ଼ ଗଛର।
ବହୁବର୍ଷ ପୁରୁଣା
ବିଶାଳକାୟ ଅସହାୟ
ଜରାଜୀର୍ଣ୍ଣ ଥୁଣ୍ଟା
ବଡ଼ ବରଗଛ
ଜୀବନ ପାଇଁ ଜୀବନ ଦେଇ
ମୃତ୍ୟୁ ସଞ୍ଚିଥିବା ଗଛ !

ଚାଲ ଯିବା

ଚାଲ ଆମେ ଶୋଇଯିବା
ଜୀବନର ନିଆଁକୁ ଦେହରେ ଖୋଜିବା ।

ଚାଲନା- ଶୋଇଯିବା
ପାଖା ପାଖି ଲାଖି ଲାଖି
ଶୋଇବାର କାରୋବାରରେ ମାତିଯିବା,
ଚାଲ ଆମେ ତାତିଯିବା
ତତଲା ଦେହର ମଜା ନେବା ।

ଚାଲ- ଆଜି ଦେହର କାମରେ ଲାଗିଯିବା
କାମର ପ୍ରେମରେ ପଡ଼ିଯିବା,
ହାରିଦେବା ନିଜକୁ ପ୍ରେମର କାମରେ
ପରସ୍ପରେ ଭାଷା ଶିଖାଇବା କାମର ।

ଚାଲ ଖେଳିଦେବା-
ପ୍ରାପ୍ତ ବୟସର ଖେଳ
ଆଦାନ ପ୍ରଦାନର ଖେଳ
ସୃଷ୍ଟି ଆରମ୍ଭର ଖେଳ ।

ଚାଲ ଆମେ ଜଳିଯିବା ଦେହର ନିଆଁରେ
ଜ୍ୱାଳା ମେଣ୍ଟାଇବା କ୍ଷଣସ୍ଥାୟୀ ଯୌବନର,

ନିଜେ ଜଳି ଅନ୍ୟକୁ ଜଳାଇବା
ଝାସଦେବା ପରସ୍ପରର ଉଦ୍‌ଗୀରଣରେ।

ଚାଲ ଜଣକୁ ଆଉଜଣକଠି ସମର୍ପିଦେବା
ଖୋଜିବା ଅନ୍ୟକୁ ନିଜ ଭିତରେ,
ଜଣେ ଆଉଜଣକ ଭିତରେ ଥାଇ ଚାଲିଯିବା
ଚାଲ ଆମେ ମରିଯିବା।

ଚାଲ ଆମେ ସୁଖର ମରଣ ମରିବା
ସୁଖ ନେଇଯିବା ଦୁଃଖ ଛୁଇଁବା ଆଗରୁ ହୃଦୟକୁ,
ଆତ୍ମାର ସନ୍ଧାନରେ ପଠାଇବା ଆତ୍ମାକୁ,
ଆତ୍ମାର ଦର୍ଶନ କରେଇବା।

ସବୁ ଶୁଣିଲେ
ଶେଷଯାଏଁ ଶୁଣିଲେ
ତା'ପରେ ସେ କହିଲେ-
ଏଥର ଯିବା ?

ନାଲି

ନାଲି କଲମରେ ଲେଖିବସିଥିଲି
ଭାବନା ସବୁ ଛାଁ ଭାସିଆସିଲା
ଶବ୍ଦ ଜାବୁଡ଼ି ଧରିଲା ଶବ୍ଦକୁ
ଜାବୁଡ଼ା ଜାବୁଡ଼ିରେ ଅନେକ କିଛି ଲେଖି ହୋଇଗଲା ।

କଳା କଲମରେ ସେକଥା କାହିଁ (?)
ଯାହା ନାଲି କଲମରେ ଥାଏ
କଳାର କଳାଯାଦୁରେ ଏତେ କଳା କାହିଁ (?)
ନାଲିର ନରମ ନିଆଁରେ ହିଁ
ମନ ଲାଖି ରହେ ।

ନାଲି ହସାଇଲା
ନାଲି କନ୍ଦାଇଲା
ନାଲି ଛୁଇଁ ଦେଇଗଲା
କଲମ ଗାଇ ଚାଲିଲା...

ନାଲି ନେଇଆସିଲା ନାଲିଆ ଦିନ ସବୁ
ସେଇ ନାଲି ଗୋଲାପର କାହାଣୀ
ଅଜଣା ଗାଁମୁଣ୍ଡର ବୁଢ଼ୀ ଠାକୁରାଣୀ
କାହା ନାଲି ଓଠରେ ଚପା ଚପା ହସ
ସିନ୍ଦୂରି-ଲାଲ ସେ ଅସ୍ତ ଯାଉଥିବା ଆକାଶ ଯେବେ,

ନାଲି ଥିଲା କାହା ଲାଜୁଆ ମୁହଁର ରଙ୍ଗ
ନାଲି ଦିଶୁଥିଲା ଅଭିମାନୀ ଗାଲରେ ଗରଗର ରାଗ
ଯେବେ ସବୁକିଛି ଥିଲା
ନାଲି ନାଲି !
ନାଲି ଥିଲା ବୟସ
ନାଲି ଥିଲୁ ଆମେ
ଟହଟହ ଲାଲ ଥିଲା ସେ ପ୍ରେମ
ସବୁଦିନ ହୋଲି ମନାଉଥିଲା ସମୟ ।

ହାଏ ସେ ସମୟ !

ଏବେ କିନ୍ତୁ ଇନ୍ଦ୍ରଧନୁ ବି
ଏକାଂଗୀ ଏକରଂଗୀ ରକ୍ତାଙ୍ଗୀ ।
ନିଜ ଦେହର ସବୁତକ ରକ୍ତକୁ
ନାଲିକୁ ଦାନକରି ମୃତ୍ୟୁବରଣ କରିଛନ୍ତି
ଅନ୍ୟସବୁ ରଙ୍ଗ,
ବର୍ଷା ଟିକେଟିକେ କରି କୋରିନେଇଛି
ତା'ର ସବୁ ଅଙ୍ଗ ସବୁ ରଂଗ
ଏବେ ସେ ବିକଳାଙ୍ଗ ! ଏବେ,

ଲାଲ୍‌ଟୁକୁଟୁକୁ ସାଧବବଧୂର
ସିନ୍ଥିରେ ରକ୍ତ ସିନ୍ଦୂର, କଂସେଇ
ବୋଳିଦେଉଛି ତା ପାଦରେ ଅଳତା, ଦିଗ୍‌ବିଦିଗେ
ବାସି ରକ୍ତର ଗଂଧ, ଦେହର ରକ୍ତରେ କିନ୍ତୁ
ସିନ୍ଦୂର ଦୌଡୁଛି,
ନାଲି ହନ୍ତସନ୍ତ କରି ମାରୁଛି ।

ଭଲ

ଭଲ ହୋଇଥାନ୍ତା ଯଦି
ଭୁଲ୍ ମିଳିଥାନ୍ତା ହୃଦୟଟା
ଭଲ ପାଖରେ ରହିପାରିଥାନ୍ତା
ହେଲେ ଭୁଲ୍ ହୋଇଗଲା
ସବୁ ଭୁଲ୍ ହୋଇଗଲା
ଭୁଲ୍ ଚାହିଁକରି
ଭଲ ମିଳିଗଲା ।

ଭଲ ପାଉଥିଲା ଭଲ
ଆସିଲା ଭଲ
ଭଲପାଇଲା
ଭାରି ଭଲ ପାଇଲା
ଭଲ ଘାଇଲା କଲା
ଭଲପାଇବାକୁ ବାଧ୍ୟ କଲା
ଭଲ ଭଲରେ ଅଛି ଭଲ ଭୁଲ୍‌ରେ ଅଛି
ଭଲ ଭଲପାଇବାରେ
ଭଲପାଇବା ଭୁଲ୍‌ରେ ଅଛି ।

■

ସମର୍ପଣ

ଶେଷରେ ଦେଇଦେଲି
ଦେଇଦେଲି ଯାହା ଦେବାର ଥିଲା
ଯାହା ସବୁବେଳେ ତୁମର ଥିଲା
ତୁମ ପାଇଁ ଥିଲା ।

ଉତ୍କଣ୍ଠାରେ ଦେଲି
ଅକୁଣ୍ଠରେ ଦେଲି
ଦେବି ଦେବି ବୋଲି ଭାବୁଥିଲି
ଦେଇପାରି ନଥିଲି ।

ଜାଣେନା ମୋର ଦବା ଜରୁରୀ ଥିଲା....
ନା ତୁମର ନବା ଆସନ୍ନ ଥିଲା !
ଜାଣିପାରିଲିନି କଣ ହେଲା....
ଯାହା ହେଲା ବୋଧହୁଏ ଭଲ ହେଲା !

ସେ ତୁମେ ନା ତୁମେ ସେ ?
ବାସ୍ତବତା କଣ ?
ମୁଁ ତୁମର ନା ମୁଁ ତାଙ୍କର ?
ସତ୍ୟ କଣ ?

ଦବା ନଦବାରେ ଅଟକି ଥିଲି ....
ଭୁଲ୍ ଆଉ ଠିକ୍ ମଝିରେ ମରୁଥିଲି !
ପାପ ପୁଣ୍ୟର ବିଚାର କରୁଥିଲି....
ଜାଣେନା ମୁଁ ପାପ କଲି ନା ପୁଣ୍ୟ ଅର୍ଜିଲି !

ମୁଁ ଦେଇକରି ପାଇଲି
ନା ପାଇବାକୁ ଦେଲି ?
କହିବକି ତମେ ନବାକୁ ଦେଲ
ନା ଦବାକୁ ନେଲ ?

ବେଶୀ ଭାବିଲେ ଦେଇହୁଏ ନାହିଁ
ଏତ ମୁହୂର୍ତ୍ତ ମୁହୂର୍ତ୍ତର କଥା
ବେଶୀ ଚାହିଁଲେ ପାଇହୁଏ ନାହିଁ
ଏତ ତର୍କ ବିତର୍କର କଥା ।

ଅପରାହ୍ନ

ତମକଥା ଭାବୁଥିଲି
ସମୟ ଥିଲା ଅପରାହ୍ନ
ଗ୍ରୀଷ୍ମ କାଳର ଅପରାହ୍ନ
ଅସ୍ତବ୍ୟସ୍ତ ତତଲା ଅପରାହ୍ନ
ନିସ୍ତବ୍ଧ ମୃତପ୍ରାୟ ଅପରାହ୍ନ
ଖାଁ ଖାଁ ଲାଗୁଥିଲା ଅପରାହ୍ନ।

ଟିକେ ଶୀତଳ ପବନର ସ୍ପର୍ଶକୁ ଚାହିଁ ବସିଥିଲି
ପବନ ତ ଆସିଲାନି
ହେଲେ ତମେ ଆସିଗଲ
ତମ ଅଦୃଶ୍ୟ ହାତରେ
ଛୁଇଁ ଦେଇ ନିଜର କରିନେଲ
ଝାଳ ଭିଜା ଦେହଟା ମୋ
ଶୀତେଇ ଉଠିଲା
ଏତେ ଯନ୍ତ୍ରଣା ନଥିଲା
ରୁଦ୍ରର ରୌଦ୍ରତାପରେ
ଯେତେ ଶିହରଣ ଥିଲା
ତମ ଶୀତୋଢ଼ା ଛୁଆଁରେ।

ଠିକ୍ ଏମିତି ଛୁଇଁଥିଲ ଆଗରୁ ବି ଥରେ
ଜୀବନେ ଆସିନଥିଲା କେବେ

ଗ୍ରୀଷ୍ମ ତା' ପରେ
ଠିକ୍ ଏମିତି ଚାହିଁଥିଲ ପ୍ରଥମ ଦେଖାରେ
ଭିଜେଇ ଥିଲ ମନକୁ ମୋ
ଅଦିନିଆ ବର୍ଷାରେ
ହେଲେ ଆଜି ଖାଲି
ଗ୍ରୀଷ୍ମ ହିଁ ଗ୍ରୀଷ୍ମ ଜୀବନରେ
ଭିଜେଇବକି ଥରେ
ପ୍ରେମର ଶୀତଳ ବର୍ଷାରେ।

କୋଉଠି ରଖିଚି ତୁମକୁ
ମୋ ଜୀବନରେ
କି ଜାଗା ଦେଇଚି ତୁମକୁ
ମୋ ହୃଦୟରେ
ଆସନ୍ତନି ଥରେ
ପଚାରି ବୁଝନ୍ତନି ସତରେ।

ତୁମେ ଅଛ ମୋ ଦୁଃଖରେ
ଲୁହଭିଜା ଆଖିରେ
ମୋ ଅସହାୟତାରେ
ଏକଲାପଣରେ
କେବେ ଲାଗେ ଅଛ ମୋ ପାଖରେ
କେବେ ପୁଣି ଦୂର ଦୂରନ୍ତରେ।

ଜୀବନ ବିତିଗଲା......
କେତେ କେତେ ଅପରାହ୍ନର ସମାଗମ ଘଟିଲା।

ଭାବୁଥିଲି ତମକଥା ମୁଁ
ଅପରାହ୍ନ ଥିଲା ସମୟ
ଅପରାହ୍ନ କାଳର ଗ୍ରୀଷ୍ମ

ଅପରାହ୍ନ ତତଲା ଅସ୍ତବ୍ୟସ୍ତ
ଅପରାହ୍ନ ମୃତପ୍ରାୟ ନିସ୍ତବ୍ଧ
ଅପରାହ୍ନ ଲାଗିଲା ଖାଁ ଖାଁ......

ଅନ୍ଧାର ଘୋଟି ଆସିଲା
ଅପରାହ୍ନ ଅନ୍ଧାରରେ ବିଲୀନ ହେଲା।

ସତ

ବହୁବର୍ଷ ତଳେ ପଢ଼ିଥିଲି 'କଂଚୁକୀର ଭାବନା'
ପଢ଼ିସାରି ପଢ଼ିପାରି ନଥିଲି
ସେ ଲୋମହର୍ଷଣକାରୀ କବିତାରେ
କବିଙ୍କର ଭାବନା ।

ଭାବନା ସବୁ କଣ କଂଚୁକୀର
ନା ଏ ସବୁ କବିଙ୍କ କଳ୍ପନା
ଶସ୍ତା ଲୋକପ୍ରିୟତା ପାଇଁ ?

ସମସ୍ୟା କେଉଁଠି-
କଂଚୁକୀର ଭାବନାରେ,
ନା କବିଙ୍କ ଲେଖନୀରେ,
କି ପାଠକଙ୍କ ପଢ଼ି ଜାଣିବାରେ ?

ତ୍ରୁଟି କେଉଁଥିରେ-
ସତ ଦେଖିବାରେ,
ସତ ଲେଖିବାରେ,
ଅବା ସେଦିନର ସତ ଘଟଣାରେ ?

ସନ୍ଦେହ ଥାଏ କୋଉ କଥାରେ-
ଘଟଣା ଘଟିବାରେ,

ନା କଂଚୁକୀର ଅନୁଚିନ୍ତାରେ,
କି କବିଙ୍କ ଉଦ୍ଦେଶ୍ୟରେ ?

ଭୁଲ୍‌ର ଗନ୍ଧ ଆସେ କେଉଁଠୁ-
ରଜା ବାପର ଘୃଣ୍ୟ ବାସନାରୁ,
ଅଥବା ଅସହାୟ ଝିଅର ସତ ପ୍ରଘଟ କରିବାରୁ,
କିମ୍ବା କବିଙ୍କ ଅସାମାଜିକ ସର୍ଜନାରୁ ?

ଭୁଲ୍ ବୁଝିଥିଲି ଭଣ୍ଡ ଭାବିଥିଲି
କବିବରଙ୍କୁ
ସାହିତ୍ୟ ନାମରେ ରୁଗ୍‌ଣ ମାନସିକତା ବୋଲି ଭାବିନେଇଥିଲି
ହେଲେ...

ସମ୍ଭାବନାର ଦିଗନ୍ତ ସ୍ଥିର କରିବା
କଣ ଏତେ ସହଜ(?)
ପୁରୁଷ କାମନାର ପରିସୀମା ଆକଳନ କରିବା
ଜମା ନୁହେଁ ସହଜ,
ଅସାମାଜିକତାର ସୀମା ଧାର୍ଯ୍ୟ କରିବା
କେବେ ହୋଇନଥାଏ ସହଜ।

ନିଜେ ନ ମଲେ ଯମ ଦର୍ଶନ ମିଳେନା
ସତ ସହ ଭେଟଣା ନହେଲେ
ସତ କୁ ସତକୁ ସତ ଚିହ୍ନି ହୁଏନା,
ଅଙ୍ଗେଲିଭା ସତକୁ
ମିଛ ର ଆଖ୍ୟା ଦେଲେ ସହି ହୁଏନା
ଗ୍ରହଣ କରିହୁଏନା।

ଗଛ ନିଜେ ନିଜ ଫଳ ଖାଇବାଟା ମିଛ ଲାଗେ
ଖାଉଥିଲେ ବି ଗଛ

ଶୁଣିବାକୁ ଭଲ ଲାଗେନା,
ଯେଉଁ କଥା ସମାଜକୁ ଶ୍ରୁତିକଟୁ ଲାଗେ
ନକହିବା ଭଲ
ଭଲ ଲାଗିନଥାଏ ସମାଜକୁ
ସତ୍ୟର ନଗ୍ନରୂପ।

ସତର ପ୍ରକାଶ ସିଧା ସିଧା କରାଯାଇ ନପାରେ
ମିଛରେ ଚାଲିଛି ସଂସାର ଜୀବନ ବି ମିଛରେ,
ସତ କହିବାର ଯଦି ଅଛି
କୁହ ସାମାଜିକ ଭଙ୍ଗୀରେ,
ନିଜର ମଙ୍ଗଳ ଥାଏ-
ଚୁପି ସାଧିବାରେ
ସତକୁ କବର ଦେବାରେ।

■

ବେପାର

ମନ ଟାଣିଲା-
ସହରର ବଦନାମ ଗଳି ଆଡ଼େ
ପଦଯୁଗଳ ଚାଲିଲା ଆଗକୁ ଆଗକୁ
ଇମାନ୍‌ଦାର୍ କୁକୁର ଭଳି ।
ଦେଖିବାକୁ ଇଚ୍ଛା ଥିଲା ଜାଣିବାକୁ ଇଚ୍ଛା ହେଲା -
ବଦନାମ୍ ହୋଇ ନାମ କମେଇଥିବା
ଲୋକଗୁଡ଼ା କେମିତିକା ?

ଚାଲିଲି, ସହରର ସେଇ
ଅନ୍ଧାରିଆ ଗଳି ଭିତରେ
ଦେଖିଲି କଳା ଦୁନିଆକୁ କଳା ଚଷମାର
କଳା କାଚ ଭିତର ଦେଇ;
ଜାଣେନା- ମୁଁ ନାମ କମେଇଲି କି ବଦନାମ ହେଲି
ସହରର କିଛି ନାମିଦାମୀଙ୍କୁ
ମୁହଁ ଛୁପେଇ ଫେରୁଥିବାର ଦେଖିଲି ।

ହାଟ ଲାଗିଥିଲା ବେପାର ଚାଲିଥିଲା
ମାଂସର,
ପିଣ୍ଡା ବାରଣ୍ଡାରେ ପେଶ୍ ହୋଇଥିଲା
ବିକିଯିବା ପାଇଁ ମଣିଷ,
ସଜେଇ ହୋଇ ଛିଡ଼ା ହୋଇଥିଲା,

ବିକାଳୀ ମାଂସ ଇସାରା ଦେଉଥିଲା
ଡାକ ଛାଡୁଥିଲା ।

ହଠାତ୍ କାନରେ ବାଜିଲା
ଏକ କୋମଳମତି ସ୍ୱର,
ଜିଜ୍ଞାସା ହେଲା ଦେଖିବାକୁ
ଜାଣିବାକୁ ସେ ସ୍ୱର କାହାର,
ଅନ୍ଧାରୁଆ ଝରକା ସେପଟୁ ଦୃଶ୍ୟମାନ ହେଲା
ମୁହଁ ଏକ ଝିଅର,
ବୟସ ଷୋହଳ କି ସତର
ଏହି ଛୁଆ-ନାରୀର ।

କଞ୍ଚା ଯୌବନ ହାଣିଦିଏ ମନ !
ଲାଗିପଡିଲି ଦର କଷିବାରେ
ବହୁମୂଲ୍ୟ ଦେଇ କିଣିନେଲି ତାକୁ
କରିନେଲି ମୋ ନିଜର,
କିଛି କ୍ଷଣ ପୂର୍ବେ କାହାର ସେ ଥିଲା
କିଛି ମାସ ତଳେ ଥିଲା ଜଣକର,
ଦଗାଦେଇ ତାକୁ ଛାଡିଗଲା ଏଠି
କରେ ବସି ଦେହ ବେପାର ।

ବୁଲି ଯାଇଥିଲି ଦେଖି ମୁଁ ଆସିଲି
ଅଜବ ଅସୁଲ ଏ ଦୁନିଆର,
ଛାତି ବିଦାରିଲା ଶୁଣିଦେବା ପରେ
କରୁଣ କାହାଣୀ ଛୁଆ-ନାରୀଟିର,
କାହାଣୀ ନାରୀ ମନର
କଥା ପ୍ରେମିକର ପ୍ରତାରଣାର,
କଥା, ଥାଏ ଦେହ ଦେହର ।

ଦେହ ଦୁନିଆର ଶସ୍ତା ପ୍ରେମ କିଣି ଯାଇଥିଲି
ଦେଖିଆସିଲି ଘୃଣ୍ୟ ରୂପ ଆମ ସମାଜର।
ମନ ହଜେଇଲି ଛୋଟ ନାରୀଟିର
ଭିଜିଧୋଇଯାଇଥିବା ସ୍ୱପ୍ନରେ,
ନେଇ ଆସିଲି ମୁଁ
ବହୁ ଶସ୍ତାରେ
ବସ୍ତା ବସ୍ତା
ଦରଦ ଖାଲି !

ଶିକ୍ଷକ ଭକ୍ଷକ

ମଣିଷ ଶିଖେ ସବୁଥିରୁ
ତା' ଆଖପାଖର
ସବୁ ଜିନିଷରୁ।

ଶିକ୍ଷା ମିଳେ, ମଣିଷମାନଙ୍କଠୁ
ପଶୁପକ୍ଷୀଙ୍କଠୁ
କୀଟପତଙ୍ଗଠୁ
ମିଳେ, ଗଛଲତାରୁ
ଫୁଲଫଳରୁ
ପଢ଼ା ବହିରୁ
ଜୀବନର ପାଠରୁ,
ଶିଖାଏ ପ୍ରକୃତି ପ୍ରକୃତିର ପ୍ରବୃତ୍ତି
ଶିଖାଏ ବିଜ୍ଞାନ, ଆଧ୍ୟାତ୍ମିକ ଚିନ୍ତନ
ବାଟ ବତାଏ।

ଜୀବନ ଏକ ଯୋଗ
ଏଠି ଶିଖିବାର କାମ ଲାଗିରହିଥାଏ।

ତେବେ ଗୁରୁଙ୍କ ଆଖ୍ୟା ମିଳେ କାହାକୁ ?

ଗୁରୁ ସେଇ ମଣିଷ ଯେ ମଣିଷ ମନରେ
ପ୍ରେମ ସୃଷ୍ଟି କରେ ଶିକ୍ଷା ପ୍ରତି, ଯେ ଜ୍ଞାନକୁ
ସମ୍ମାନ କରିବା ଶିଖାଏ, ଚରିତ୍ର ଗଠନ ଯାହାର
ପରମ ଧର୍ମ; ସେ ନମ୍ର ରହେ ଅନ୍ୟକୁ ବିନମ୍ର
ହେବାକୁ କହେ, ରାସ୍ତା ଦେଖାଏ
ଅନ୍ଧାରରୁ ଆଲୋକକୁ ଭୁଲ୍ ରୁ ଠିକ୍ କୁ,
ଦେଶ ଜାତିର ଭବିଷ୍ୟତ ଗଢ଼ିତୋଳିବାର ଗୁରୁ ଦାୟିତ୍ୱ
ତା' ଉପରେ ନ୍ୟସ୍ତ ଥାଏ।

ଗୁରୁ ଗଢ଼ିଚାଲେ ସଜାଡ଼ିଚାଲେ
ସଭ୍ୟତା ଆଗକୁ ଆଗକୁ ବଢ଼ିଚାଲେ.....

ଗୁରୁ ଶିଷ୍ୟର ସମ୍ପର୍କ ସର୍ବୋଚ୍ଚ ସର୍ବୋତ୍ତମ
ସର୍ବୋପରି ଗୁରୁ ଶିଷ୍ୟର ପରମ୍ପରା,
ଗୁରୁ ହିଁ ତ ଦୈବୀ ସତ୍ତା ଗୁରୁଙ୍କଠି
ଭଗବାନ(!) ହେଲେ,

କୋଉ ଦାନବ ତାକୁ ଗ୍ରାସିଲା କେଜାଣି
ସେ ପାଲଟି ଯାଇଛି ଆଜି
ଭକ୍ଷକ।
ହାଏ ଏ କି କଳି କାଳ !
ଶିକ୍ଷକ କରୁଛି ଅସଦାଚରଣ ନିଜ ଝିଅ
ନାତୁଣୀ ବୟସର କଅଁଳିଆ କଢ଼ିମାନଙ୍କୁ
କରୁଛି ଯୌନ ଶୋଷଣ।

ଛିଃ ଛିଃ ଛିଃ...
ବାଡ଼ ହୋଇ ଯିଏ ଫସଲ ଖାଏ
ତା'ଠୁ ବଳି ଚଣ୍ଡାଳ ଏ ଜଗତେ ନଥାଏ।

ଠାକୁର ଡାକ୍ତର

ଡାକ୍ତରମାନେ ମଣିଷ ନୁହନ୍ତି
ମଣିଷ ରୂପରେ ଈଶ୍ୱର !

ଏ ସହରରେ ଅଛନ୍ତି ଜଣେ ବିଦ୍ୱାନ
ଅତି ଜଣାଶୁଣା ଡାକ୍ତର
ସ୍ତ୍ରୀ ରୋଗ ଓ ପ୍ରସୂତୀ ବିଭାଗର ।

ମଣିଷଠି ରୋଗ ଆସେ ନିଜ
କଲା କର୍ମରୁ, ଠାକୁର ଉପଚାର କରନ୍ତି
ଆସି ଡାକ୍ତର ବେଶରେ, ଆମ ଏ
ଡାକ୍ତରବାବୁଙ୍କ ଚିକିତ୍ସା ପଦ୍ଧତି
ନିଆରା ଟିକେ, ଯାଦୁ ଅଛି ତାଙ୍କ କରକମଳରେ,
ସେ ରୋଗୀକୁ ଶୁଣନ୍ତି ବୁଝନ୍ତି ତାପରେ
ହାତ ମାରନ୍ତି
ଜାଗା ଦେଖି
ରୋଗୀ ଦେଖି
ନ ମାରିବା ଜାଗାରେ ବି ।

ଥିଲେ ଥାଉ ଅବା ନଥାଉ ଦର୍କାର
ହାତ ମାରିବାଟା ଥୟ ନହେଲେ,
ରୋଗ ଚିହ୍ନିବେ କେମିତି (?) କେତେବେଳେ କେମିତି

ଚିହ୍ନିବାରେ ଭୁଲ୍ କରନ୍ତି ସେ, ଭୁଲ ରୋଗୀର
ଠିକ୍ ଲୋକମାନେ
ତାଙ୍କୁ ବାଡ଼ାବାଡ଼ି କରନ୍ତି ।

ଅପଦସ୍ତ ହୋଇଛନ୍ତି ସେ
ନିଜର ଏଇ ମନ୍ଦ ଅଭ୍ୟାସ ପାଇଁ,
ବେଢଙ୍ଗିଆ ହସ୍ତ ଚାଳନା ହେତୁ ବଦଳି ହୋଇଛନ୍ତି
ଏ ଜାଗାରୁ ସେ ଜାଗାକୁ,
ସ୍ତ୍ରୀ ବିଶେଷଜ୍ଞ ହେବାଟା କଣ ନାକରା କଥା(?) ବହୁ ଶ୍ରମ
ଦେଇ ବନିଛନ୍ତି ଡାକ୍ତର, କେତେ କେତେ ଅର୍ଥବ୍ୟୟର ଯୋଗ
ଭୋଗିବାକୁ ପଡ଼ିଛି କେଉଁ ଏକ ରୋଗକୁ
ଚପାଇବା ପାଇଁ ।

ବିବେକ ଥିବ ଯଦି ତାଙ୍କର
ଜାଣିଥିବେ ନିଶ୍ଚୟ
କେତେ ଫାଇଦା ନେଇଛନ୍ତି
ନିଜ ପଦବୀର ।

ରୋଗୀକୁ ଛୁଇଁବାର ଅଧିକାର ଅଛି
ଡାକ୍ତରଙ୍କର ଭଲକରି ଦେଖିବାର ଅଧିକାର
ନିଶ୍ଚେ ଅଛି, କଥା କିନ୍ତୁ ଟିକେ ଅଲଗା
ସ୍ତ୍ରୀ ବିଶେଷଜ୍ଞମାନଙ୍କର, ସବୁ କଥା ଥାଏ ନଜରର,
ଭଲ ଆଉ ଖରାପ ନଜରର, ରୋଗୀଙ୍କୁ ପଚାର -
କଣ ଅଛି ଏ ଡାକ୍ତରଙ୍କ ନଜରରେ
କି ରୋଗ ଅଛି ତାଙ୍କ ମନରେ
କି ଯାଦୁ ଅଛି ତାଙ୍କ ହାତରେ ?
ହେ ଈଶ୍ୱର !
ଏପ୍ରକାର ଡାକ୍ତରଙ୍କ ନଜର ଉତାର
ରୋଗୀ ଡାକ୍ତରମାନଙ୍କର ରୋଗ ଭଲ କର । ■

ଅଧାଗଢ଼ା ଆଖି

ଶୌଚାଳୟ କଣ କରିପାରେ
ସମାଜକୁ ପ୍ରଶ୍ନ ?

ପ୍ରଶ୍ନଟେ ଉଙ୍କି ମାରୁଥିଲା
ଗୋଟେ କମୋଡ ଭିତରୁ
ରକ୍ତ ଜୁଡୁବୁଡୁ !
ଉଚ୍ଚଶିକ୍ଷିତା ଛାତ୍ରୀନିବାସର ସେ ଶୌଚାଳୟ
ପ୍ରଖ୍ୟାତ କେନ୍ଦ୍ରୀୟ ବିଶ୍ୱବିଦ୍ୟାଳୟ ପରିସରର ।

ବରଫ ମୁଣ୍ଡା ପରି
ଅଧା ବୁଡ଼ା ଅଧା ଭାସମାନ
ସଦ୍ୟଜାତ ପ୍ରଶ୍ନଚିହ୍ନଟି
ଉପରକୁ ଚାହିଁ ପଡ଼ିଥିଲା, ଅଧାଗଢ଼ା
ଆଖିର କୋଣରୁ କଞ୍ଚା ମାଂସ ପିଣ୍ଡୁଳାଟି
କରୁଥିଲା ପ୍ରଶ୍ନ ସମାଜକୁ,
ଦୁନିଆର ସହସ୍ର ଆଖିକୁ
ବିବେକକୁ
ନିର୍ଭୀକ ଠାଣିରେ ।

ଲୁହର ଉଷ୍ଣତାକୁ
ଚିହ୍ନିପାରେ ଦରଦି ଆଖି

ପଢ଼ିପାରେ ତା ଛାତି ଗହିରର ବେଦନା,
ବୁଝିନେଲା ମାଆର ହୃଦୟ
ପ୍ରଶ୍ନର ବୁକୁଫଟା ଯନ୍ତ୍ରଣା
ଦେଖିନେଲା ପରେ ଆଖି
ମହିଳା ସଫେଇ କର୍ମୀର, କୁହୁଳି ଉଠିଲା ତା' ମନ
ସଦ୍ୟକଟା ଅଙ୍ଗରେ ପାଣି ଲାଗିଲା ପରି,
ଲୋମ ଟାଙ୍କୁରି ଉଠିଲା
ଗୁଡୁମ ହେଲା ବୁଦ୍ଧି
ନାଚାର ଅପାଠୁଆ ନାରୀଟିର।

ସଫା କରିବା ତା'ର କାମ
ଏଣୁ ଥତମତେଇ ଢାଳିଲା ପାଣି
ମାଂସ ପିଣ୍ଡୁଳାଟି ଉପରେ,
ଅଟକି ରହିଲା ଅପୂର୍ଣ୍ଣାଙ୍ଗ ମଲା ଜୀବନଟି
ଅଖାଡୁଆ ଭଙ୍ଗୀରେ, ସେ ଯେମିତି
ଅମଙ୍ଗ ହେଉଥିଲା ଯିବାକୁ
ମଳମୂତ୍ର ର କୁଣ୍ଡ ଭିତରକୁ,
ଟିକେ ନାଡ଼ିନୁଡ଼ି
ଆଖି ବନ୍ଦକରି
ଖେଞ୍ଚିଦେଲା ତାକୁ ନର୍କ ଭିତରକୁ।

ସକାଳର ମହ ମହ ଫୁଲ ତୋଳିବାକୁ
ଚାହୁଁଥିବା ଜୀବନ କାହା ପାଇଁ ତେବେ
ପାଲଟିଯାଏ ଅଭିଶପ୍ତ ଆତ୍ମା, କାହା ପାଇଁ
ଠେଲିହୋଇଯାଏ ସେ ଅଳିଆ ଆବର୍ଜନା
କୀଟ ସାଲୁବାଲୁ କୁଣ୍ଡ ଭିତରକୁ,
ଯେମିତି ଠେଲି ହୋଇଗଲା
ଏ ମାଂସ ପିଣ୍ଡୁଳାଟି

ନିରୀହା ସଫେଇ ମହିଳାର
ବାଉଁଶ ବାଡିରେ ।

ଶିକ୍ଷା ଭିତରର ଅନ୍ଧ ଆଧୁନିକତାକୁ ସଫାକଲା ପରେ
ସେ ବାଉଁଶ ବାଡିଟି ଭାବୁଥାଏ-
କିଛି ପାପ କରାଯାଏ ଶିକ୍ଷା ଅଭାବରେ
କିଛି ପୁଣି କରାଯାଏ ବେଶୀ ଶିକ୍ଷାରେ
କିଛି ଭ୍ରୁଣ ମରାଯାଏ ବାଡୁଅ ଯୌବନରେ
କନ୍ୟା ଭ୍ରୁଣ ହତ୍ୟା ହୁଏ ବାହାଘର ପରେ
ଶିକ୍ଷିତ ପାପ ଯେତେ ଧୋଇବନି ଗଙ୍ଗାରେ !

ଛିଃ ଛିଃ, ଛିଟିକିପଡ଼ିଲା
ଅନ୍ତରରୁ ଓଠଦେଇ
ସଫେଇ କର୍ମୀର
ଶିକ୍ଷିତ ତରୁଣୀମାନଙ୍କର ମନ ମଇଳାକୁ,
କୁତ୍ସିତ ଅସଜ୍ଜିତ ପଠୋଇମାନଙ୍କୁ,
ନାରୀଶିକ୍ଷା ମୁହଁରେ କଳା ବୋଳୁଥିବା
ବେପରୁଆ ଝିଅମାନଙ୍କୁ ।

■

ମନମାନୀ

ସକାଳୁ ସକାଳୁ କଲମ ଧରି ବସିଗଲି
ଜଲ୍‌ଦିରେ ଜଲ୍‌ଦିରେ କିଛି ଲେଖିଦେବି ଭାବିଲି,
ଲମ୍ବା ନିଦ୍ରା ଯାଇଥିବା ଭାବନାସବୁକୁ ଯଗାଇଲି
ଲୁଚିଥିବା ଶବ୍ଦ ଗୁଡ଼ିକୁ ବେକଧରି ଘୋଷାଡ଼ି ଆଣିଲି।

ଶବ୍ଦମାନଙ୍କ ପ୍ରତି ଦୁର୍ବ୍ୟବହାର ଦେଖି ଭାବନାମାନ ରୁଷିଗଲେ
ଧମକାଇଲେ ମୋତେ, ଖୁବ୍ ମନମାନୀ କଲେ
ମୋ ଗାଲରେ ଠୋକିନି ବସାଇ କହିଲେ-
"କଣ ଘୋଷାଡ଼ି ଦେଲୁ, ଶବ୍ଦସବୁ କ'ଣ ତୋ ମାଇପ ଥିଲେ ?"

ଭାବନାମାନଙ୍କର ସାଥ୍ ପାଇ ଶବ୍ଦଗୁଡ଼ିକ ଜିଇ ଉଠିଲେ
ମୋ ସହ କଳି କଲେ ମୋତେ ଗାଳିଲେ ନିରଧୁମ ଗାଳିଚାଲିଲେ,
"ବଡ଼ ଜଲ୍‌ଦିରେ ଅଛୁ ତୁ ବଡ଼ ହେବା ପାଇଁ"ରାଗିକରି କହିଲେ
କହିଲେ, "ବଡ଼ ହଇରାଣ ହବୁ ତୁ ଆମ ସହ ଜବରଦସ୍ତି କଲେ।"

ଭାବନାମାନ ପୁଣି ଶବ୍ଦମାନଙ୍କ ସହ ପାଳିଦେଇ କହିଲେ-
"ତମେ ମରଦସବୁ କ'ଣ କରିବ ଭାରିଜାଗୁଡ଼ା ଛାଡ଼ି ପଳାଇଲେ(?)
ବହୁତ୍ ଖାତିର୍ ତମର, ପାଖରେ ଉଦାରିଆ ପତ୍ନୀ ଥିଲେ
ନିଜେ ଖାଇ ନିଜର ଧୋଇପାରିବନି ସ୍ତ୍ରୀଟେ ମନମାନୀ କଲେ।"

"ତୁ ଆଣୁଥାଉ ଦଉଥାଉ ସଂସାର ତୁ ଚଳାଉଥାଉ ବୋଲି କହୁ
ଏମିତି କେତେକଥା ନାନା ପ୍ରକାର କଥା ସ୍ତ୍ରୀଟିକୁ କହିଥାଉ,
ଏତେ ବାହାସ୍ଫୋଟିଆ ଫୁଟାଣିଆ କେତେକେତେ କଥା କହୁ
ତତେ ସମ୍ଭାଳୁଥିବା ସଜାଡୁଥିବା ନାରୀକୁ କେବେ କ'ଣ ବୁଝିଥାଉ ?"

ନାରୀ ଯେତେଦିନ ସହିଚାଲିଥାଏ ସବୁକିଛି ଠିକ୍ ଚାଲିଥାଏ
ପଦୁଟିଏ କହିଦେଲେ ସବୁ ଓଲଟପାଲଟ ହୋଇଯାଏ,
ତା ବାପ ମାଆ ବଂଶ ଚଉଦ ପୁରୁଷ ଉଦ୍ଧାର କରାଯାଏ
ନାରୀକୁ ଦବେଇ ଦାବେଇ ପୁରୁଷ ମରଦପଣିଆ ଦେଖାଇଥାଏ।

"ମନେରଖ, ଖବରଦାର ଆମ ସହ ଏମିତି କେବେ କରିବୁନି
ଏମିତି କଲେ ଆମେ କ'ଣ କ'ଣ କରିବୁ ତୁ ଭାବି ପାରିବୁନି,
ଭାବି ପାରିବୁନି ସେହି ମଣିଷମାନଙ୍କର ଦୁଃଖ ବୁଝି ପାରିବୁନି
ଭାବନାଶୂନ୍ୟ ମୂକ ମଣିଷମାନଙ୍କର କଷ୍ଟ କେବେ ଜାଣି ପାରିବୁନି !"

"କରିବୁନି କେବେ ଜମା ଏମିତି କରିବୁନି
ବଯାତ୍ ବଜାରୀ ପୁରୁଷ
ତୋ କଲମର ଜୋର୍ ଆମକୁ ଦେଖାଇବୁନି।"

■

ରାଜନେତା

ସଂସାରରେ ତାଙ୍କଠୁ ବଳି ନାହିଁ କେହି ଅଭିନେତା
ସେତ ଆମର ଅତି ପ୍ରିୟବର ରାଜନେତା ।

ଆହା କେଡ଼େ ସୁନ୍ଦର ଉଦାର
କେଡ଼େ ସୁଧାର ସେ ଅଭିନେତା
ରାମଚନ୍ଦ୍ରଙ୍କ ପରି ଆଜ୍ଞାଧୀନ
ନିର୍ବାଚନ ବେଳର ରାଜନେତା ।

ଓଃ କି ଜାଦୁଗରୀ ତାଙ୍କ ଅଭିନୟ !
ଅତି ଅପ୍ରତିମ ଅସୀମିତ ଅମାପ
ତାଙ୍କର କଳା, କୁଆ ଉଡ଼ିଯିବାର ଘଟଣାକୁ
ଛୁଆ ଉଡ଼ିଯିବାର ରୂପ ଦେବାପାଇଁ
ତାଙ୍କୁ ଲାଗେନାହିଁ ବେଶୀ ବେଳ, ଏ ପରା
ରାଜନୀତିଆ ଖେଳ !

ତମେ ଆମେ ବୁଝିପାରିବାନି ତାଙ୍କ ଲୁହ
ବିଶ୍ୱଶାନ୍ତି ଭାଇଚାରା ସାମ୍ପ୍ରଦାୟିକ ସଦ୍‌ଭାବନା ପାଇଁ,
ବୁଝିପାରିବାନି ଭିତିରି ଭିତିରି ଅଣୁଅସ୍ତ୍ର ପରିକ୍ଷଣ ଭିତରେ
ଲୁଚିଥିବା ଶାନ୍ତି ବାର୍ତ୍ତା, କେମିତି ବୁଝିବା ଯେ
ଆମେ କଣ କୁମ୍ଭୀର ହୋଇଛେ (?)
ବୁଝିବା ତାଙ୍କର କାନ୍ଦଣା ।

ଯୁଦ୍ଧର ନିଆଁରେ ଘିଅ ଢାଳିଦେଇ
ତାମ୍‌ସା ଦେଖୁଥାନ୍ତି ଏମାନେ,
ଏ ଘର ମାଉସୀ ସେ ଘର ପିଉସୀ ବନୁ ଥାନ୍ତି,
ଆରୋପ ପ୍ରତ୍ୟାରୋପ କରି ରାଜନୀତିକ ରୁଟି ସେକୁଥାନ୍ତି।

କେତେ ଚିନ୍ତା ଏମାନଙ୍କର ପରିବେଶ ପାଇଁ !
ବର୍ଷରେ ଦୁଇ ତିନିଥର ମେଳି ହୁଏ ଏମାନଙ୍କର,
ଦୁନିଆଯାକର ବଡ଼ ନେତା ଯେତେ ଏକଜୁଟ ହୋଇଯାନ୍ତି
ପରିବେଶକୁ ବଞ୍ଚାଇବା ପାଇଁ, ଯାଆ ଆସ ହୁଏ
ଶୀତତାପ ନିୟନ୍ତ୍ରିତ ଯାନରେ, ରହନ୍ତି ଯାଇ
ଥଣ୍ଡା ଥଣ୍ଡା ହୋଟେଲ ଘରେ,
ଚିନ୍ତନ ମନ୍ଥନର ଫାର୍ସ ଚାଲେ
କୁଲ୍ କୁଲ୍ ଅଡ଼ିଟୋରିୟମ ଭିତରେ।

ମାଗଣାରେ ବିଶ୍ୱ ଭ୍ରମଣ ହୋଇଯାଏ ଏମାନଙ୍କର
ଅନ୍ତର୍ଜାତୀୟ ସମ୍ପର୍କ ସୁଧାରିବା ଆଳରେ, ଦେଶ ଅର୍ଥକୁ
ନିଜ ସ୍ୱାର୍ଥରେ ଲଗାଇ ବହୁ କଷ୍ଟ କରନ୍ତି ଏମାନେ,
ଜାତି ଧର୍ମ ବର୍ଣ୍ଣକୁ ନେଇ ଧନ୍ଦା କରୁଥିବାର କଥା
କୁହ ନାହିଁ କାହାକୁ, ଅନୁଗ୍ରହ କରି
ଭୁଲ ବୁଝନା ଯାଙ୍କ ଭଲପାଇବାକୁ।

ମୁଣ୍ଡ ପିଟିପକାନ୍ତି ଏମାନେ
ଅବହେଳିତଙ୍କୁ ଆରକ୍ଷଣ ଦେବା ପାଇଁ,
ତାଙ୍କ ବିକାଶ ପାଇଁ-
ବାଣ୍ଟି ଦିଅନ୍ତି ସମାଜକୁ
ଧନୀ ଗରିବଙ୍କୁ
ନିଜ ମାନଦଣ୍ଡରେ,
ଧରାଇ ଦିଅନ୍ତି ନିଜ ଦଳୀୟ ପତାକା

ଚାକିରି ଦେବା ବଦଳରେ, ଆମ ଯୁବକମାନେ
କଣ କମ୍ କି (?) କୋଳେଇ ନିଅନ୍ତି ସେ କନା ଖଣ୍ଡକୁ
ବଡ଼ଦେଉଳର ନେତ ଭାବି,
ଆଉ ଜଗନ୍ନାଥ ତ ତାଙ୍କ ଦାତା ଅଭିନେତା–ନେତା !

ରାଜନେତା କେବେ କଣ ହୋଇପାରିବ ରାଷ୍ଟ୍ରନାୟକ(?)
ଯିଏ ଚିନ୍ତା କରୁଥାଏ ଆଗ ପିଢ଼ିର,
ଏମାନଙ୍କୁ ପରା ଚିନ୍ତା ଘାରୁଥାଏ ଆସନ୍ତା ନିର୍ବାଚନର
ନିଜ କୁର୍ସି ବଞ୍ଚାଇବାର
ଜନମତ କିଣିବାର।

କିଛି ରାଜନେତା ନିଶ୍ଚୟ ପ୍ରୟାସ କରନ୍ତି
ରାଷ୍ଟ୍ରନାୟକ ହେବାର,
ଆମ ଲୋକମାନେ କିନ୍ତୁ
ତାଙ୍କୁହିଁ ହରାଇ ଦିଅନ୍ତି,
ଭୁଲ ବ୍ୟବସ୍ଥା ସହ
ଭୁଲ ଲୋକଙ୍କ ସହ
ଆମେ ଯେ ଅଭ୍ୟସ୍ତ
ଅଭିନୟ ସହ !

ବଡ଼ବାବୁ

ହାକିମ ବାବୁଙ୍କ ଦପ୍ତରର ବଡ଼ବାବୁ
ପିଆଲା ପ୍ରିୟ
ପତ୍ନୀ ଛେଉଣ୍ଡ
ନବବାବୁ ।

ନବ ନିଏ
ଦିନ ଆରମ୍ଭରୁ ଦିନ ଶେଷ ଯାଏଁ
ବିନା ଦ୍ୱିଧାରେ,
କେବେ କିଛି ଦିଏନା କାହାକୁ
ଢୋକେ, ନିଜ ଅଇଁଠା ମଦରୁବି ନୁହେଁ ।

ନିଏ ଦପ୍ତର ଭିତରେ
ପ୍ରାୟତଃ ବାହାରେ ନିଏ,
ନିଜ ଘରକୁ ଡାକିକରି ବେଳେବେଳେ
ଦବା ଲୋକର ଘରକୁ ଯାଇ ନିଏ ।

ନବର କି ଖାତିରି !
ହାକିମ ବାବୁଙ୍କ ଖାସ୍ ଲୋକ ପରା ସେ,
ବହୁତ୍ କରିତକର୍ମା
ନବକୁ ହାଲୁକାରେ ଜମ୍ମା.. ନବନି,

ବଡ଼ଦେଉଳର ବଡ଼ ପଣ୍ଡାଙ୍କଠୁ ବଳି ବଳିଆନ ସେ,
ନିଏ ମିଛ ସତ କହି
ଧପେଇ ଭଣ୍ଡାଇ।

ନବକୁ ଦବାକୁ ପଡ଼େ
ଯେମିତି ବଡ଼ ବଡ଼ ମନ୍ଦିରରେ
ବ୍ରାହ୍ମଣଙ୍କୁ ଲାଞ୍ଚ ଦିଆଯାଏ
ଠାକୁରଙ୍କୁ ଛୁଇଁବା ପାଇଁ,
ନ ଦେଲେ ମୁକ୍ତି କାହିଁ (?) କାମଗୁଡ଼ା ପରା
ତା' ମେଜ ଉପର ଦେଇ ହୋଇ ଯାଏ,
ଦେଲେ ଦବ ନବ ମୁକ୍ତି ଦବ ନହେଲେ
ଫାଇଲ ପତର ଚାପିଦବ,
ନିତି ଦପ୍ତରକୁ ଆସୁଥିବ
ହରକତ ହେଉଥିବ ନଦେବା ନାଁ
ତୁଣ୍ଡେ ନଧରିବ।

ନବ ନିଏ
ବିଧବା ଦପ୍ତରର
ବିଧବା ଟାଇପିଷ୍ଟ ମହିଳାଠୁ
ନିଜର ଅତିରିକ୍ତ ଯେତେ
କାମ।

ସମାଜସେବୀ

ଯିଏ ସମାଜର ସେବା କରେ
ସେ ସାମାଜ ସେବୀ
ଯେ ସମାଜ ନାଁରେ ନିଜ ସେବାରେ ଲାଗିଥାଏ
ସେ ବି ସାମାଜ ସେବୀ !

ଆଉ କେହି କହୁ କି ନକହୁ
ସେ ନିଜକୁ ନିଜେ କହେ,
ସେବା ଦେବାକୁ ନୁହେଁ
ଶ୍ରେୟ ନେବାକୁ ପ୍ରତିଯୋଗିତା କରେ,
ଟିକିଏ ପ୍ରଶଂସା ତା ଛାତିକୁ କରିଦିଏ କୁଣ୍ଢେମୋଟ
ସମାଜ ସେବା ହୋଇଯାଏ ଏକ ମହତ୍ କାର୍ଯ୍ୟ
ସେ ହୋଇଯାଏ ମହାନ।

ଆଜିକାଲି ସେବା ଭର୍ଚୁଆଲ ମୋଡ଼ରେ ଚାଲିଛି
ଗଛ ଲଗା ହଉ ଅଳିଆ ସଫା ହଉ
ହଉ ଅବା କାହାକୁ ରକ୍ତଦାନ
ସବୁ ଫେସବୁକରେ ଆସିଯାଏ !

ସେବା ଦେବାରେ କମ୍
ଲୋକପ୍ରିୟ ହେବାର ତପସ୍ୟା ଚାଲେ,
ସମାଜ କଲ୍ୟାଣ ମାଧ୍ୟମରେ ନିଜ କଲ୍ୟାଣର ବାଟ କାଢ଼େ,

କଷି ଯୁବକ ସେବକର ଜରିଆ ସାମାଜିକ ଗଣମାଧ୍ୟମ
ପାଠୁଆ ଚତୁର ସମାଜସେବୀର ଅସ୍ତ୍ର ସାଜେ ଗଣମାଧ୍ୟମ
ପରସ୍ପରେ ଖାଲି ହାତରେ ରଖିପାରିଲେ ହେଲା,
ତାଙ୍କୁ ସମ୍ବାଦ ଦରକାର ଯାଙ୍କୁ
ସମ୍ବର୍ଦ୍ଧନାର ଭୋକ।

ସେବା ପାଇଁ ସମର୍ପଣ ଭାବର
ଆଉ ଆବଶ୍ୟକତା କାହିଁ ?
ଏଠି ଦର୍କାର ଖାଲି ମୋବାଇଲ ଟିଏ
ନିଜକୁ ସେବକ ବୋଲି
ପ୍ରତିପାଦନ କରିବା ପୂର୍ବରୁ,
ସତରେ ନିହାତି ଜରୁରୀ !

ଦେଶ ଦୁନିଆ ନଜାଣିଲା ତ
ସେବାର ଅବା କି ମୂଲ୍ୟ ?
ସାମାଜ ଜାଣୁ ତା'
ସେବାର ହିସାବ-
ପ୍ରତି କ୍ଷଣ
ପ୍ରତି ମୁହୂର୍ତ୍ତ।

ପ୍ରମାଣ ଖୋଜେ ସମାଜ
ତେଣୁ ସେ ଦେଇଚାଲେ ହିସାବ
ତା' ସମୟର
ଦାନର
ତ୍ୟାଗର; ପ୍ରମାଣ ରଖିଚାଲେ
କେତେ କରୁଛି କାହା କାହା ପାଇଁ କରୁଛି,
ତା' ଭିତରର ମିଛ ଗାନ୍ଧୀ ଗୋପବନ୍ଧୁ
ଫଟୋ ନେବା ପାଇଁ କୁତୁ କୁତୁ ହେଉଥାନ୍ତି।
ଗଦ୍‌ଗଦ୍‌ ହୋଇଯାଏ ସେ

ନିଜ ପ୍ରାୟୋଜିତ ସମ୍ବାଦ ପତ୍ରରେ
ନିଜ ମହତ୍ କର୍ମର ଖବରକୁ ଦେଖି,
ବାରମ୍ବାର ନିଜ ପ୍ରେମରେ ପଡ଼େ
ସେ ନିଜ ଛବିକୁ ଦେଖି ।

ନିଜ ଭକ୍ତିର ପ୍ରମାଣ
ଛାତି ଚିରିକରି ଦେଇଥିଲେ ହନୁମାନ,
ଆମେ କାଳେ ହନୁ ମାନଙ୍କର ବଂଶଧର ବୋଲି
ଡାରୱିନ୍ କହିଗଲେ ତେଣୁ.....

ଓଃ କି ଚାତୁର୍ଯ୍ୟ ! ଏଠି
ବିବେକ ନୁହେଁ ବିଚାର ନୁହେଁ
ପ୍ରମାଣ ହିଁ ସବୁରି ଉର୍ଦ୍ଧରେ ।

ଆଗ ସେବା କାର୍ଯ୍ୟ ଚାଲେ ତାପରେ
ପ୍ରସଂଶା ଦେବାନେବାର କାର୍ଯ୍ୟକ୍ରମ
ଦିଆ ନିଆ ର ସଂସାରରେ ଥାଇ
ନଦେଲେ ନନେଲେ କି ଚଳେ ?
ମଣିଷ ପରା ଧରାପୃଷ୍ଠର ସର୍ବଶ୍ରେଷ୍ଠ ପ୍ରାଣୀ
ତା'ର ଉଦ୍ଦେଶ୍ୟ ଯେ ମହତ୍
ଏଥିରେ କଣ ସନ୍ଦେହ କରାଯାଇ ପାରେ ?

ମିଛ ସେବା ଆଉ ସତ ପ୍ରସଂଶା ଭିତରେ
ବଳାତ୍କାର ହୋଇଯାଏ 'ନିଃସ୍ୱାର୍ଥପର' ଶବ୍ଦ !

ମିଡିଆ

ଆଜିର ସମାଜ ବଢ଼ିଆ ଅଛି
ତା' ପାଖରେ ପରା ମିଡିଆ ଅଛି
ହେଲେ, ଅଡୁଆ ଅଛି
ମିଡିଆ କଥାରେ ଅଡୁଆ ଅଛି ।

କାହାର ଏ ମିଡିଆ ?
ଜନତାଙ୍କର ?
ନା ରାଜନେତା ପୁଞ୍ଜିପତି ବଡ଼ବଡ଼ିଆଙ୍କର ?

ସତ୍ୟ ଓ ତଥ୍ୟ ଭିତ୍ତିକ ସାମ୍ବାଦିକତା
ପ୍ରଶଂସା ସାଉଁଟେ
କିନ୍ତୁ ଜୟ ହୁଏ
ଭୁଲ୍ ଓ ଭ୍ରାନ୍ତିକର ସାମ୍ବାଦିକତାର,
ବିକାଉ ଲୋକଟେ କହୁଥାଏ
ନିର୍ଭୀକ ସାମ୍ବାଦିକତାର କଥା
ସତକୁ ମିଛ ମିଛକୁ ସତ କରି
ଭୁଆଁ ବୁଲାଯାଉଥାଏ ।

ନିରପେକ୍ଷତା ହିଁ ମୂଳମନ୍ତ୍ର ସାମ୍ବାଦିକତାର
ସମାଜକୁ ସଜାଡ଼ିବାର କାମ କରେ ପତ୍ରକାର
ପରନ୍ତୁ, ସମ୍ବାଦ ସଂସ୍ଥାନମାନ ଆଜି କାରଖାନା ମିଛର

କିଏ ଗାଉଥାଏ ଗାଥା ମୁଷ୍ଟିମେୟର
କିଏ ପୁଣି କରୁଥାଏ ସୁରକ୍ଷା ତା ପ୍ରଚ୍ଛଦପଟ ନାୟକର ।

କେତେ ଭିତିରିଆ କଥା ଅଛି
ସ୍ୱାଧୀନ ମିଡିଆଘରର
ଅପାଠୁଆ ସାଧାରଣ ମଣିଷଟେ
ବୁଝି ପାରିବନି ତା ଗୁମର,
ସ୍ୱାଧୀନ ସାମ୍ବାଦିକତା ନାମରେ ଚାଲିଛି
ସ୍ୱେଚ୍ଛାଚାରିତାର ଆସର
ବିଚାରଗତ ବିବିଧତା ନାମରେ
ଚାଲେ ଭୁଲର ପ୍ରଚାର ।

ପଥଭ୍ରଷ୍ଟ ପାଠୁଆ ଯୁବକ କିଛି ନାମ କମାଇଲେ
ଭାରତକୁ କାଟିବା ବାଣ୍ଟିବା କଥା କହି
କେତେକଙ୍କୁ ଭଲ ଲାଗିଥିଲା-
"ଭାରତ ତେରେ ଟୁକୁଡ଼େ ହୋଙ୍ଗେ ଇନ୍‌ସା ଆଲ୍‌ହା ଇନ୍‌ସା ଆଲ୍‌ହା"
ସ୍ୱାଧୀନ ମତପୋଷଣ ଅଧିକାରର ଅପବ୍ୟବହାର ହୋଇଥିଲା
ସମ୍ବିଧାନର ନାମ ନେଇ ଟୁକୁଡ଼େ ଗ୍ୟାଙ୍ଗର ସମର୍ଥନ କରାଗଲା ।

ଆଜି ଗାନ୍ଧୀ ଯଦି ଥାଆନ୍ତେ
ଦେଖିଥାନ୍ତେ ଏ କୁତ୍ସିତ ରୂପ ମିଡିଆର,
ନାଥୁରାମକୁ କଷ୍ଟ କରିବାକୁ ଦେଇନଥାନ୍ତେ
ସେ ନିଜେ ନିଜର ଆତ୍ମାହୁତି ଦେଇଥାନ୍ତେ ।

■

ମା' ଓ ମାତୃଭୂମି

ବାଃ ବାଃ ରେ ପୁଅ ମୋର
ଏତେ ପାଠୁଆ ପଢୁଆ ତୋ ବିଚାର
ସତେ କେତେ ସଭ୍ୟ(!)ତୋ ଅବିଚାର
ଭୁଲିଅଛୁ ମାଆ ମାଟିକୁ ତୁ
ହୋଇଛୁ ଆଉ କାହାର
କୋଉ ଦେଶର ।

କି ଯାଦୁ ଦେଖିଲୁ
ବାହାର ଲୋକଟିର ବାହାର ଦେଶର
ବାୟାହେଲୁ କିରେ ମାୟାର କାୟାରେ
ହେଇଗଲୁ ଚାକଚକ୍ୟର
ଭୁଲିଲୁ କେମିତି ମାଆର ଯତ୍ନକୁ
ମା'ର ସେ କଷ୍ଟ କ୍ଷୀର
କେମିତି ଭୁଲିଲୁ ଯେତେ ଗଢ଼ିଥିଲୁ
ମାଟି ମା' ଉପରେ
ସ୍ୱପ୍ନର ବାଲିଘର ।

ଯାହା ତୁ ନେଇଛୁ ମୋ ଠୁ ନେଇଛୁ
ଯାହା ତୁ ପାଇଛୁ ଏଇଠୁ ପାଇଛୁ
ବନିଛୁ ଯାହା ତୁ ମା' ପାଇଁ
ମାତୃଭୂମି ପାଇଁ ହେଲେ,

ପ୍ରତାରଣା କରିଛୁ ତୁ
ଆଉ କାହା ପାଇଁ ଜିଉଛୁ
ଆଉ କୋଉ ଦେଶେ ରହୁଛୁ ।

ବାହା ବାହାରେ ମୋ ଶିକ୍ଷିତ ପୁଅ
ତୋ ପାଇଁ ଦିନେ ମୁଁ ବୁହାଇଥିଲି
ନିଃସର୍ତ୍ତ ମମତାର ସୁଅ !

ସବୁ ନେଲୁ ମୋ'ଠୁ
ତାକୁ ଦେଇଦେଲୁ
ସବୁ ଏଇଠୁ ଶିଖିଲୁ
ତୋଳିଲୁ ସେଦେଶେ
ମାଆ ମାତୃଭୂମିକୁ ହୀନ ମନେକଲୁ
ହୀନିମାନ କଲୁ
ତଥାପି, ନିଜକୁ ଶିକ୍ଷିତ ସଂଭ୍ରାନ୍ତ
ସଂଭ୍ରାନ୍ତ ଶିକ୍ଷିତ ବୋଲି କହୁ (?)

ମା' ଓ ମାଟିର ଦାନକୁ
ଭୁଲିଯାଏ ଯେଉଁ ପୁରୁଷ
ତାକୁ ଯେବେ ମଣିଷଗଣରେ ଗଣିବା
ନରହିବେ ଅମଣିଷ ।

ହାଏ ହାଏରେ ତୁ ମିଛ ସପନ ପଛରେ ଧାଉଁଥିବା ଜିନିଷ !
ହାଏ ହାଏରେ ତୁ ପଢୁଆ କାଢୁଆ ଉଚ୍ଚଶିକ୍ଷିତ ମଣିଷ ! !

ବାହା ବାହାରେ ମୋ ଶିକ୍ଷିତ ପୁଅ
ତୋ ପାଇଁ ଦିନେ ମୁଁ ବୁହାଇଥିଲି
ନିଃସର୍ତ୍ତ ମମତାର ସୁଅ !

■

ବହୁରୂପୀ

ଦୁର୍ଘଟଣାଗ୍ରସ୍ତ ଲୋକଟିକୁ ଦେଖି
ସାହାଯ୍ୟ ପାଇଁ ଦୌଡ଼ିଯାଉ
ପୁଣି କେଉଁ ପୂର୍ବ ଶତ୍ରୁତାକୁ କେନ୍ଦ୍ରକରି
କାହାକୁ ତୁ ଗୋଡ଼ାଇ ଗୋଡ଼ାଇ ହାଣିଥାଉ ।

ଛୁଆଁ ଅଛୁଆଁ ଜାତିଆଣଭାବରେ
ବିଶ୍ୱାସ କରୁନା ବୋଲି କହୁ
ନିଜ ପୁଅ ଝିଅର ବାହାଘର ପାଇଁ
ନିଜ ଜାତିରେ ହିଁ ପାତ୍ର ଖୋଜିଥାଉ ।

ହେ ପୁରୁଷ,
ନାରୀ ହିଂସା ଯୌନ ଶୋଷଣ
ବଳାତ୍କାର କଥା ଶୁଣି ଘୋର ନିନ୍ଦା କରୁ
ଖାଲି ତୁ ହିଁ ଜାଣୁ କେଉ ନାରୀ ସହ ଆଉ
ନିଜ ସ୍ତ୍ରୀ ସହ କେତେବାଟ ଯାଇଥାଉ ।

ସଭା ସମିତିରେ
ପଶୁ ନିଷ୍ଠୁରତା ବିରୋଧରେ
ଲମ୍ବା ଚଉଡ଼ା ହାଂକିଚାଲୁ
ହେଲେ କାର୍ଯ୍ୟକ୍ରମ ସାଙ୍ଗ ହେଲାପରେ
ଚିକେନ୍ ମଟନ ଫିସ କରିର ମଜାନେଉ ।

ନିଜକୁ ଜ୍ୟୋତିଷ ବୋଲି କହୁ
ଅନ୍ୟର ଗ୍ରହ ଶାନ୍ତି ପାଇଁ ଉପଚାର ବତାଉ କିନ୍ତୁ
ସବୁ ସ୍ଥିର ହେବାପରେ ତୋ ବିଭା ହେବାକୁଥିବା ପାତ୍ରୀ
କାହା ସହ ପଳାଇଗଲେ କିଛି ବୁଝିପାରି ନଥାଉ।

ନିଜକୁ ସଦାଚାରି ସଂସ୍କାରୀ ବ୍ରାହ୍ମଣ ବୋଲି
ଛାତି ଫୁଲାଇ କହୁ
ହେଲେ ଗାଁ ମୁଣ୍ଡରେ ଛେଳି କଟା ହେଲେ
ତୁ ଆଗ ବଇନା ଦେଉ।

ନିଜକୁ ଭାରି ସିରିଅସ ଲୋକଟେ ବୋଲି କହିବୁଲୁ
ତୋ ମୋବାଇଲର ରିଙ୍ଗଟୋନ "ଝୁମୁକା ଟିକେ ତୁତ ହଲେଇ ଦେ"
ଦେଇଦିଏ ତୋ ଗାମ୍ଭୀର୍ଯ୍ୟଭରା ବ୍ୟକ୍ତିତ୍ୱର ପରିଚୟ।

ଗଣ୍ଡଗୋଳର ଫଇସଲା ପାଇଁ
ପୋଲିସି ପେସାରେ ଥାଉ
ଦୁଇ ପକ୍ଷରୁ ପଇସା ନେଇ
କଳହ ବଢ଼େଇ ଦେଉ।

ନିଜକୁ ନ୍ୟାୟର ମୂର୍ତ୍ତୀ ବୋଲି କହି
ଓକିଲାତି କରୁଥାଉ
ସମାଧାନର ବାଟ କମ୍ କାଢୁ
ନ୍ୟାୟର ସଉଦା କରିଦେଉ।

ଆୟକର ଫାଙ୍କିବା ପାଇଁ
ଦାନ କରିଦେଉ ଯେତେ ଥାଏ କଳା ଟଙ୍କା
ନିଜକୁ ଦାନୀ ଓ ସମାଜସେବୀ କହି
ଦୁନିଆକୁ ହାରିକିଣୀ ଦେଖାଉ।

ବେପାର ବଣିଜ କରୁଥିଲେ
ସଭିଙ୍କୁ ନିଜର ବୋଲି କହୁ
ଲାଭ କରିବା ମାମଲାରେ
ନିଜ ବାପକୁ ବି ଛାଡ଼ିନଥାଉ ।

ସ୍ତ୍ରୀ ପୁରୁଷ ସମାନ ବୋଲି ଦର୍ଶନ ଛାଡୁ
ପ୍ରେମ କଲାବେଳେ
ବାହାହେବା ପରେ
ଚାକିରିଆ ସ୍ତ୍ରୀକୁ ଚାକିରି ଛାଡ଼ିବାକୁ କହୁ ।

କଥା କଥାରେ ଗାନ୍ଧୀ ଗୋପବନ୍ଧୁଙ୍କ ଉଦାହରଣ ଦେଉ
ହେଲେ ଜବରଦଖଲ କରି ପଡ଼ୋଶୀ ଲୋକଙ୍କୁ
ହଇରାଣ କରୁଥାଉ ।

ନିଜେ ବାପାମାଆଙ୍କୁ ଛାଡ଼ି ନିଜ ଛୁଆ ଭାରିଜାଙ୍କ ସହ ରହୁ
ଅନ୍ୟକୁ ବାପାମାଆଙ୍କ ସେବା କରିବାକୁ ଉପଦେଶ ଦେଉ ।

ନିତି ପୋଥି ପୁରାଣ
ଗୀତା ଭାଗବତର ବାଣୀ ଶୁଣାଉ
ହେଲେ ନିଜ ଜୀବନରେ ତିଳେମାତ୍ର ଧାର ଧାରୁନା ଏ ସବୁର ।

ଅତି ଅଜବ ଏ କଳା ମୁଣ୍ଡିଆ ଜିନିଷ !
ସତେ କେତେ ଗଜବ ଏ କଳି କାଳର ମଣିଷ !

■

ବିକୃତ ମସ୍ତିଷ୍କ

ଷାଠିଏ ନମ୍ବର ରାଜପଥର ତିନୋଟି ମଣିଷ।
ନା କିଛି ନିଅନ୍ତି
ନା ଦେଇପାରନ୍ତି
ଆଶା ନାହିଁ କିଛିରେ
ରୁଚି ନାହିଁ କାହା କଥାରେ
କଉ ଜିନିଷରେ
ରୋଗ ଜର୍ଜରିତ
ଯନ୍ତ୍ରଚାଳିତ
ଅଳିଆ ଆବର୍ଜନା ପ୍ରାୟ
ମ୍ଳେଚ୍ଛ ମଣିଷ
ଭୁଲୁରୁ ଭୁଲୁରୁ ଚାହାଁନ୍ତି
ପଶୁଙ୍କ ପରି।

ଜଣେ ମୁକୁଳା ଫୁଙ୍ଗୁଳା ଅର୍ଦ୍ଧ ଲଙ୍ଗଳା ମହିଳା;
ଜଣେ ଉକୁଣି ବସା ଦାଢ଼ି, ଦୁବ ଘାସ ସଦୃଶ ନିଷ
ଓ ଲମ୍ବା କେଶଧାରୀ ଯୁବକ;
ଆଉ ଜଣେ ବହୁତ ଦେଖିଥିବା ବହୁତ ସହିଥିବା
ଅସହାୟ ଏ ରାଜରାସ୍ତା ପରି
କିଛି କରିପାରିନଥିବା ବୃଦ୍ଧ ପୁରୁଷ,
ମାନସିକ ଭାରସାମ୍ୟ ହରାଇଥିବା
ତିନୋଟି ମଣିଷ।

ଏ ବିଶାଳ ରାଜପଥର ବେଶ୍ ଖଣ୍ଡେ
ନିଜ ନାମରେ କରିନେଇଛନ୍ତି ସେମାନେ,
ପାଖାପାଖି ଦଶ କିଲୋମିଟର ଲମ୍ବର
ସାମ୍ରାଜ୍ୟ ସେମାନଙ୍କର
ରୂପସୀ ରୂପ୍‌ସା ଠାରୁ ଆରମ୍ଭ ହୋଇ
ଅସହାୟ ବୁଢ଼ା ଗାନ୍ଧୀର ଗାନ୍ଧୀ ଛକ ପର୍ଯ୍ୟନ୍ତ,
ଅଜଣା ରାସ୍ତାକଡିଆ ରାଜା ରାଣୀ ଏମାନେ
ଜଣେ ଏମୁଣ୍ଡରେ ତ ଜଣେ ସେମୁଣ୍ଡରେ
ଜଣେ ପୁଣି ମଧ୍ୟପ୍ରାନ୍ତରେ ପଇଁତରା ମାରନ୍ତି,
ସତେ ଯେମିତି ଗୋଡ଼େ ଗୋଡ଼େ ଜଗିଛନ୍ତି
ନିଜ ସାମ୍ରାଜ୍ୟକୁ !

ସତରେ କେଡ଼େ ଅଜବ ଏ ମସ୍ତିଷ୍କ !
ମସ୍ତିଷ୍କ ହିଁ ମଣିଷକୁ ବନାଇଥାଏ ମଣିଷ
ନହେଲେତ ଆମେ କୀଟପତଙ୍ଗ ଠାରୁ ବି ହୀନ ଜିନିଷ,
ମସ୍ତିଷ୍କ ବିବେକ ଅଧୀନରେ ଥିଲେ
ଆମେ ଗାନ୍ଧୀ ମାଣ୍ଡେଲା ଓ ଲୁଥର କିଙ୍ଗ ଜୁନିୟର
ମସ୍ତିଷ୍କ ବେଶୀ କାମ କଲେ
ଆମେ ମୁସୋଲିନ୍ ଆଉ ହିଟଲର,
ମସ୍ତିଷ୍କ କମ୍ କାମ କଲେ
ଆମେ କଂସେଇ ଆତ୍ମାଧାରୀ ମଣିଷ
ମସ୍ତିଷ୍କ ଜମା କାମ ନକଲେ
ଆମେ ପାଗଳ ବିକୃତ ମଣିଷ,
ହେ ମସ୍ତିଷ୍କ କରୁ ତୁ ମଣିଷକୁ ଲୀଳାମୟ
ତୋ ବିନା ମାନବିକତା କେତେ ଅସହାୟ !

ଅସହାୟ ଏହି ମହିଳାଟି କେତେ ଅସହାୟ !
ଦିନ ପରେ ଦିନ ମାସ ପରେ ମାସ ନିଜ ସହ ଗପୁଥାଏ
ଦିନ ତମାମ ଗପେ ବୋଧେ ରାତିରେ ବି ଗପୁଥାଏ,

ଗପୁ ଗପୁ ହସି ପକାଏ ପୁଣି କେତେବେଳେ କାନ୍ଦୁଥାଏ,
କେତେ କଣ କଥା ଅଛି ଯେ
କଥା ସବୁ ନଥାଏ ବିକୃତ ମସ୍ତିସ୍କରେ
ଶବ୍ଦ ମାନଙ୍କର ଗହଳି କମ୍ଭ ନଥାଏ।
ଅନବରତ ଚାଲୁଥାଏ ଅସରନ୍ତି ଗପୁଥାଏ
ଗପି ଗପି ଥକିପଡ଼ିଲେ ଶୋଇଯାଏ
ରାଜରାସ୍ତା କଡ଼ରେ ଥିବା ଗଛ ତଳେ,
ମୂକ ନାଚାର ରାଜପଥର ଅର୍ଦ୍ଧ ଲଙ୍ଗଳା ପାଗଳୀ ଇଏ
ହେ ବିଧାତା ତୋର କି ଖେଳ ଇଏ କି ନ୍ୟାୟ ଇଏ
ସୃଷ୍ଟିର ସର୍ଜନୀ ଯିଏ
ସେ ଦେହ ଦେଖାଇ ବୁଲୁଥାଏ !

ଲମ୍ବା କେଶଧାରୀ ପୁରୁଷ ନିଆରା ସେ ବିକୃତ ମଣିଷ
ଚାଲି ଚାଲି ଗୋଟାଉ ଥାଏ
ଜରି ଜାତୀୟ ଜିନିଷ।
ହାତ ଆଉ ଗୋଡ଼ରେ ଗୋଡ଼ାଇଛି ପୁଳା ପୁଳା ଜରି
ଜରିର ପୂଜାରୀ ସେ ଜରି ତାର ବଡ଼ ଦରକାରୀ,
ଭରି ପଡ଼ିଛି ଏ ପୃଥିବୀରେ
ଦାମୀଠୁ ବି ଦାମୀ ଜିନିଷ
ଶସ୍ତା ଆଉ ଦାମୀର ଫରକ୍ ଜାଣେନି
ଏଡ଼େ ହିନସ୍ତା ସେ ମଣିଷ।

ପୂରା ଜୀବନଟା ଏଠି ଗୋଟାଇବା ଓ ସାଉଁଟିବାରେ ସରେ
କିଏ ଖାଲି ଗୋଟେଇ ସାଉଁଟି ରଖି ରଖି କରି ମରେ
ପୁଣି କିଏ ଗୋଟେଇ ନପାରି ଦେଖି ଦେଖି କରି ମରେ
କିଏ ଧାଏଁ ଏଠି ପଇସା ପଛରେ କିଏ ଖୋଜେ ପରିଚୟ
ନିଜ ଲୋକ ସବୁ ଦୂରେଇଗଲା ପରେ ରାସ୍ତାକଡ଼ ଦିଏ ଆଶ୍ରୟ !

ବହୁ ଦରକାରୀ ରାଜରାସ୍ତାର ଅଦରକାରୀ ସେ ମଣିଷ
ପରିତ୍ୟକ୍ତ ପରି ପ୍ରତୀତ ହୁଏ ସେ
ସମ୍ଭ୍ରାନ୍ତ ବିକୃତ ବୁଢ଼ା ପୁରୁଷ।
ଗାଳି ଚାଲିଥାଏ ସେ ଅବିରତ ଗାଳି ଚାଲିଥାଏ
ଅକଥାରେ ଗାଳେ କୁକଥାରେ ଗାଳେ
ଭଦ୍ରଙ୍କୁ ଗାଳେ ଅଭଦ୍ରଙ୍କୁ ଗାଳେ
ଅଭଦ୍ରଙ୍କୁ କମ୍ ଭଦ୍ରଙ୍କୁ ବେଶୀ ଶୋଧୁଥାଏ,
ମାଆ ଭଉଣୀ ଏକ କରୁଥାଏ
ଶବ୍ଦରେ ଶବ୍ଦରେ ଚରିତ୍ର ସଂହାର କରି
ଛାତି ତଳର ବ୍ୟଥାକୁ ରାଜପଥ ସହ ବାଣ୍ଟୁଥାଏ !

ଏମିତି ଏ ରାଜପଥ ଦେଖୁଥାଏ ଏମାନଙ୍କୁ,
ଶୁଣୁଥାଏ,
ବୁଝିବାକୁ ଚେଷ୍ଟା କରୁଥାଏ,
ଶୁଣି ଶୁଣି ଶୁଣି ବୁଝି ନୀରବି ଯାଏ।

ଗପିବା
ଗୋଟାଇବା
ଗାଳି ଦେବାରେ
ଜୀବନ ଚାଲିଥାଏ,
ଜୀବନ ଚାଲୁଥାଏ ନା ମୃତ୍ୟୁ ତାକୁ ଚଳାଉଥାଏ ?
ଖୁବ୍ ଭଲ ହେବ ଯଦି ତିନୋଟି ଦୀପ ଲିଭିଯାଏ ଏକ ମୁହୂର୍ତ୍ତରେ !

■

ଅନ୍ଧ

ସକଳେ ଜାଣନ୍ତି
ଅନ୍ଧକାରର ରଙ୍ଗ କଳା
ହେଲେ କଳାର ତୀବ୍ରତା କେତେ ଥିଲେ
ଅନ୍ଧକାର ହୁଏ,
ସେକଥା ଜାଣେ
ଅନ୍ଧ ମଣିଷଟେ।

ଅନ୍ଧ ବଞ୍ଚେ ଅନ୍ଧାରରେ।
ଲଢୁଥାଏ ଅନ୍ଧାର ସହିତ
ବୁଝି ସାରିଥାଏ,
ଆଲୋକ କେବେ ତା'ର ହେବ ନାହିଁ
ଅନ୍ଧକାର ଅନ୍ୟ ରଙ୍ଗକୁ ଜାଗା ଦେବନାହିଁ ତଥାପି,
ସେ ଆଲୋକର ପରିକଳ୍ପନାରୁ
କେବେ ନିବୃତ ହୁଏନା।

ହାରିକରି ଆସିଥାଏ ଜୀବନକୁ
ଆଗ ଜନ୍ମରୁ
କିନ୍ତୁ,
ମଲା ଜୀବନର ହାତ ଛାଡିନଥାଏ,
ବୁଝି ଚାଲିଥାଏ ସୃଷ୍ଟିର ସର୍ଜନାକୁ
ଅନ୍ଧକାର ଭିତରେ, ଖୁବ୍ ସାଥ୍ ଦେଇଥାଏ
ଅନ୍ଧକାରର।

ଅନ୍ଧ ପାଇଁ ସଂସାର ଥାଏ
ସମ୍ଭାବନାରେ କଳ୍ପନା ଜଳ୍ପନାରେ।
ମଣିଷ, ଜିନିଷ
ଜିନିଷ, ମଣିଷ
ସବୁର ସଂଜ୍ଞା ନିରୂପଣ କରେ
ଭାବନା ଭାବନାରେ, ଅବାସ୍ତବ ସବୁକୁ
ଖୋଜୁଥାଏ ବାସ୍ତବତାରେ,
ଚାଲୁଥାଏ ଝୁଣ୍ଟୁଥାଏ ବାଟବଣାବି ହୁଏ,
ଈଶ୍ୱରଙ୍କୁ ଖୋଜୁଥାଏ ଅନ୍ଧାର ସାହାରାରେ।

ଅନ୍ଧକୁ ଅନ୍ଧକାର ଏତେ ମାରି ପାରେନା
ଯେତେ ମରେ ସେ
ଆଲୋକ ଭିତରର ଅନ୍ଧକାର କଥା ଶୁଣି,
ଭାଙ୍ଗିପଡ଼େ ଆଲୋକ ଆଖିରେ
ଅନ୍ଧପୁଟୁଳି ବନ୍ଧା ହେବାର ଜାଣି।

ସେ କିନ୍ତୁ ଝୁରୁଥାଏ ....
ଆଲୋକକୁ
ମରୁଥାଏ ତା' ପାଇଁ।

ପାଇଥିବା ମଣିଷଗୁଡ଼ା କି କେବେ ବୁଝିପାରିବେ
ପାଇନପାରିବାର ଦୁଃଖ !

ବଡ଼ ଦୁଃଖୀ ସେ ଅନ୍ଧାରର ମଣିଷ ଯେ
ସଂସାରର ସୁନ୍ଦରତାରୁ ବଞ୍ଚିତ ହୁଏ !
କେଡ଼େ ସୁଖୀ ସେ ଅନ୍ଧ ମଣିଷ ଯେ
ସୁନ୍ଦର ଶ୍ରେଷ୍ଠ ମାନବମାନଙ୍କର
କ୍ରୁର ହିଂସ୍ର ବର୍ବର ରୂପ
ଦେଖିପାରି ନଥାଏ !

ହାତୀ

ମନକୁ ମନ ପ୍ରଶ୍ନକଲି-
ମଣିଷ ହୋଇନଥିଲେ କଣ ହୋଇଥାନ୍ତି ମୁଁ ?
ବିବେକର ପେଡ଼ିରୁ ବାହାରିଆସିଲା- ହାତୀ।
ବହୁଗୁଣ ସମ୍ପନ୍ନ ହାତୀ
ଗାଇଚାଲିଲା ନିଜ ଗୁଣ:

ମୁଁ ଗଜରାଜ
ବିଶାଳ ପଶୁ ସାମ୍ରାଜ୍ୟର
ମହାରାଜ।

ପ୍ରଚଣ୍ଡ ଶକ୍ତିର ଅଧିକାରୀ
ମୁଁ
ମାଂସାହାରୀ ନୁହେଁ ଶାକାହାରୀ।

ବ୍ରତୀ
ମୁଁ ଅହିଂସା ନୀତିର
ପଶୁ ଜଗତର ଗାନ୍ଧୀ।

କ୍ଷୁଦ୍ରାତିକ୍ଷୁଦ୍ର ଜୀବ ପ୍ରତି ଥାଏ ଦରଦ
ମୋ ହୃଦେ
ଫୁଙ୍କିଫୁଙ୍କି ଚାଲେ ବାଟ କାଳେ ମାଡ଼ିଦବ ମୋ ପାଦ।

ନିଜ କାମରେ ନ୍ୟସ୍ତ ଥାଏ ବ୍ୟସ୍ତ ଥାଏ
ମୁଁ
ସର୍ବଦା ଶାନ୍ତ ସୁଧାର ରହିଥାଏ ।

ନିଜେ ବଢ଼େ ଅନ୍ୟଙ୍କୁ ସୁଯୋଗ ଦିଏ ବଢ଼ିବାରେ
ନଥାଏ ମତ୍‌ଲବ୍
ଆଉକାହା ଜିନିଷରେ ପର ମାଂସରେ ।

ମୋ କଥାରେ ମୁଣ୍ଡ ପୁରାଇଲେ କିଏ
ଛାଡ଼େନା
ଭିଡ଼ିଯାଏ ପୂରା ବଳ ଲଗାଇଦିଏ ।

ଚାହିଁବିତ କରିବି ଶୋଷଣ
ହେଲେ
କେବେ ଦେଇନଥାଏ କଷଣ ।

ବଡ଼ ହୋଇ ବଞ୍ଚୁଥାଏ
ବଡ଼ ମୁଁ
ବଡ଼ପଣିଆ ସଞ୍ଚୁଥାଏ ।

ସଂସାରଯାକର ଯେତେ ସାର ପାଏ ପତ୍ରଫଳରୁ
ମୁଁ
ସ୍ମରଣଶକ୍ତିରେ ଆଗରେ ଥାଏ ସବୁ ପଶୁଠାରୁ ।

ମାରି ଖାଇକରି ଖାଇ ମାରିକରି ବଡ଼ହୁଏ
ବାଘ
ହେଲେ ବୁଝିସୁଝିକରି ଅନ୍ୟଙ୍କୁ ରକ୍ଷାକରି ମୁଁ ବଡ଼ହୁଏ ।

ଶାଗୁଣା ବିଲୁଆ କୁକୁର ଶୃଗାଳ
ଏଠି ଖାଲି ବାଘ ମାଳମାଳ
ହାତୀ ଚରିତ୍ରର ଦରକାର ଆଜି
ବଦଳିବାକୁ ଏ ବେଳକାଳ ।

■

ବଡ଼ଲୋକ

ଲେଖୁଛି ମୁଁ
ସ୍ୱପ୍ନ ଦେଖୁଛି
ବଡ଼ଲୋକ ହେବାର ।

କିଏ ବଡ଼ଲୋକ ?
ଯାହାର ବଡ଼ ଘର ଥାଏ
ରଖିଥାଏ ବଡ଼ ବଡ଼ ଗାଡ଼ି
ବଡ଼ ସହରରେ ଜାଗା ବାଡ଼ି,
ଯାହାର ସୁନ୍ଦର ପତ୍ନୀ ଥାଏ
ଥାଏ ଗୁଚ୍ଛା ଗୁଚ୍ଛା ଟଙ୍କା,
ଯିଏ ଦାମୀ ପୋଷାକ ପିନ୍ଧେ
ଛୋଟ ଛୋଟ କଥାରେବି ଉତ୍ସବ ମନାଉଥାଏ ।
ଖାଏ ଯିଏ ବଡ଼ ହୋଟେଲରେ ବଡ଼ବଡ଼ିଆଙ୍କ ସହ,
ବଡ଼ ଡାକ୍ତରଖାନାରେ ବଡ଼ ଚିକିତ୍ସା ହୋଇ
ସେପାରିକୁ ଯାଏ,
ଯାହାର ହାତ ଜଗାର ଅଧାଗଢ଼ା ହାତଠୁ ବଡ଼
ଯାହା ଇସାରାରେ ନାଚନ୍ତି ଲୋକେ ବଡ଼ ବଡ଼,
ମୁଣ୍ଡରେ ଯାହାର ଧନୀ ହେବାର ଆଉ ଧନ ଥିବାର
ବିଷ ଚଢ଼ିଥାଏ,
ଯିଏ ବ୍ରାହ୍ମଣକୁ କିଣିକରି

ଇଶ୍ୱରଙ୍କୁ ଜିଣିବାର ଚେଷ୍ଟା କରେ,
ଥାଏ ଭିଡ଼ ଭିତରେ କିନ୍ତୁ ଏକା ଏକା ମରିବା ପର୍ଯ୍ୟନ୍ତ
ବଞ୍ଚିପାରି ନଥାଏ ଜୀବନକୁ ବୁଝିପାରି ନଥାଏ, ଯେ
ଭ୍ରମରେ ଥାଏ ବଞ୍ଚିଥାଏ ଭ୍ରମ ଅଧୀନରେ, ଜାଣିନପାରେ
ଜୀବନ ତା'ଠୁ ନେଉଥାଏ ନା ସେ
ଜୀବନରୁ କିଛି ପାଉଥାଏ।

ନା ବଡ଼ ଲୋକ ସିଏ:
ଯାହାର ବେଶୀ ନଥାଇବି
ବେଶ୍ ଥାଏ
ଗାଡ଼ି ଘୋଡ଼ା ଜାଗାବାଡ଼ି ନଥାଏ ହେଲେ
ସବୁବେଳେ ବଡ଼ ହୃଦୟ ଥିବାର ପରିଚୟ ଦିଏ;
ଯାହା ମନରେ ପ୍ରତିଟି ଜୀବନ ପ୍ରତି ପ୍ରେମ ଥାଏ
ଅନ୍ୟର ଦୁଃଖ ବୁଝେ
ଦେଇଚାଲେ କିଛି ନ ନେଇ ପ୍ରତିବଦଳରେ;
ଯନ୍ତ୍ରଣାରେ ଥାଇବି ଅନ୍ୟର ଯନ୍ତ୍ରଣା ଲାଘବ କରେ
ନିଜେ ଶିଖୁଥାଏ ଅନ୍ୟକୁ ଶିଖାଉଥାଏ
ସେ ମାନବ ଜାତିକୁ ମାନବିକତାରେ ଖୋଜୁଥାଏ;
ଯିଏ ପ୍ରେମ ଆଉ ଭକ୍ତିରେ
ପାଏ ଭଗବାନଙ୍କୁ
ତା' ଅହଙ୍କାରକୁ ନିତି ତ୍ୟାଗ କରେ ସୂର୍ଯ୍ୟଙ୍କୁ ପାଣିଟେକି
ନିଜକୁ ଛାର ମଣେ
ହେଲେ ଅପାର କାମ କରି ପାରୁଥାଏ;
ସେ ମୃତ୍ୟୁକୁ ଦେଖିଥାଏ ହେଲେ
ଜୀବନ ପ୍ରେମରେ ପଡ଼ିଥାଏ
ମାଆ ଓ ମାତୃଭୂମିକୁ କାଟିବାର ବାଣ୍ଟିବାର କଥା
କେବେ କହିନଥାଏ
ନିଜେ ବଞ୍ଚୁଥାଏ
ବଞ୍ଚିବାର ତରିକା ଶିଖାଉ ଥାଏ।

ମନରେ ଅଛି
କାଳ କାଳରୁ ଅଛି
ଭଲ ଲୋକଟେ ହେବାର
ବଡ଼ଲୋକଟେ ହେବାର।

ପ୍ରେମ

କେବେ ପ୍ରେମରେ ପଡ଼ିଚୁକି ?
ଦୁନିଆକୁ ପ୍ରେମିକର ଚକ୍ଷୁରେ ପଢ଼ିଚୁକି ?

ବଞ୍ଚିବାର ଯଦି ଅଛି
ବେଶୀ ବେଶୀରେ
ପ୍ରେମରେ ପଡ଼ିଯା
ଭିଜିଯା ଭଲପାଇବାରେ
ଭଲ ମଣିଷଟେ ଖୋଜି, ଭୁଲିଯା ନିଜକୁ
ଆଉ କାହା ପ୍ରେମରେ ହଜିଯା,
ଦେଖିବୁ ନିଜ ଭିତରେ ମନର ମଣିଷକୁ ପାଇଯିବୁ
ପାଇଯିବୁ କବିତାକୁ
ତୋ ଦୁଆର ମୁହଁରେ ।

ଭଲପାଇଯା...
ଦେଶ ଜାତିର ପ୍ରେମରେ ବୁଡ଼ିଯା
ଖେଳିଯା ବୁଲିଯା ମାଟି ବୈକୁଣ୍ଠରେ,
ଆତ୍ମସମୀକ୍ଷା କର ଥରେ
କେତେ ନେଇଛୁ କେତେ ଦେଇଛୁ
ଭାବ ଟିକେ ସେମାନଙ୍କ କଥା, ଯିଏ
ତୋ ସୁଖ ସ୍ୱାଧୀନତା ପାଇଁ ନିଜର
ସବୁ ସୁଖକୁ ଜଳାଞ୍ଜଳି ଦେଇଥିଲେ,

ମନେପକା ଥରେ ସେଇ ପୁଣ୍ୟାତ୍ମାମାନଙ୍କୁ
ଦେଖିବୁ ତୋ ଭିତରେ ପାଇଯିବୁ
ତ୍ରିରଙ୍ଗାକୁ ରକ୍ଷା କରିବାର ସାମର୍ଥ୍ୟ।

ପ୍ରକୃତି ପ୍ରେମ ମନରେ ଭରିଦିଏ
କେତେ କେତେ ରୋମାଞ୍ଚ, ତା'ର
ସବୁ ଆକୃତିରେ ଥାଏ ଅମାପ ଅବ୍ୟକ୍ତ ଶିହରଣ, ତା'ର
ସବୁ ଅଭିବ୍ୟକ୍ତିରେ ଥାଏ ନୂଆ ଜୀବନର ଭାଷା,
ପ୍ରକୃତି ପ୍ରେମରେ ଥିଲେ
କେବଳ ପ୍ରାପ୍ତି ହୁଏ
ସେ ଦେଇଚାଲେ
ଯେମିତି ମା' ଦେଇଥାଏ,
ଜୀବନ ସାରା ନିଃସର୍ତ୍ତ
ନିଃସ୍ୱାର୍ଥ ସ୍ନେହର ପସରା।

ଦେଖିବାକୁ ଚାହୁଁ ଯଦି ପ୍ରେମର ବାସ୍ତବ ରୂପ
ପଶୁପକ୍ଷୀମାନଙ୍କୁ ଆଦର କରିଯା,
ଦେଇଯା ମୂକ ପ୍ରାଣୀମାନଙ୍କୁ
ସମ୍ମାନ କରିଯା ତାଙ୍କ ଦୁନିଆକୁ, ଦେଇଯା ସେମାନଙ୍କୁ
ସୁରକ୍ଷାର ପ୍ରତିଶ୍ରୁତି, ସାଉଁଟିନେ ସେମାନଙ୍କ ଭୟମିଶା ପ୍ରେମ,
ଦରକାର କରୁଥିବା ଜୀବଗୁଡ଼ାକ ଉପରେ ସ୍ନେହ ଅଜାଡ଼ିଦେଇ
ନେଇଜା ଅଲୋଡ଼ା ଜୀବଜନ୍ତୁଙ୍କ ଆଶୀର୍ବାଦ।

ପରମାତ୍ମାଙ୍କ ପ୍ରେମରେ ପଡ଼ିଲେ
ଆଉ ଲେଉଟି ହୁଏନା
ପାଇବା ହରାଇବାର ଭାବନା ମନକୁ ଛୁଇଁ ପାରେନା।
ସମର୍ପଣ କରିଦେ ତାଙ୍କଠି
ଗାଇଚାଲ ଗୀତଗୋବିନ୍ଦଙ୍କ ଗୀତ,
ଛାର ମଣିଷ ତୁ ତୋ ମାଲିକ କଥାରେ ଚାଲିଯା,

କେହି ନେଇନାହିଁ ନପାରିବୁ ନେଇ
ପାଇଛୁ ଯାହା ତୁ ଦେଇଯା
ନିଜ ଆତ୍ମାକୁ ପରମାତ୍ମାରେ ଦେଇ
ସାନିଧ୍ୟ ତାଙ୍କର ପାଇଯା ।

■

କରୋନା

କଣ କଲୁ ତୁ !

ହେ କରୋନା ଏ ତୁ କଣ କଲୁ
ବସ୍ତୁବାଦୀ ବିଜ୍ଞାନୀ ଲୋକଗୁଡ଼ାକୁ
ବିଜ୍ଞାନର ଫାଙ୍କ ଦେଖାଇଲୁ ।

କଣ ହୁଏ ପରିଣାମ ପ୍ରକୃତି ସହ ଖେଳିଲେ
ତା'ର ପ୍ରମାଣ ଦେଇଦେଲୁ ।

ମଣିଷମାନେ ଯେ ଆଜନ୍ମ ଏକା ଏକା
ଏକଥା ଅତି ସହଜରେ ବୁଝାଇଦେଲୁ ।

ମୁଖାପିନ୍ଧା ମଣିଷଜାତିକୁ
ସତ ସତିଆ ତୁଣ୍ଡି ପିନ୍ଧାଇଲୁ ।

ବଡ଼ବଡ଼ିଆଙ୍କୁ ନିଜ କାମସବୁ
ନିଜେ କରିବା ଶିଖାଇଲୁ ।

ମୃତ୍ୟୁ ଚିହ୍ନେନା ଗରିବ ଧନୀ ବୋଲି
ଦୁନିଆକୁ ବତାଇଲୁ ।

ମଣିଷ ଦେହବି ପାର୍ସଲ ହୋଇ ମଶାଣିକୁ ଯାଇପାରେ
ଦେଖାଇ ଡରାଇଲୁ ।

ଶକ୍ତିଶାଳୀ ଅହଂକାରୀ ଦେଶମାନଙ୍କରେ ମୃତ୍ୟୁର
ତାଣ୍ଡବ ନୃତ୍ୟ ରଚାଇଲୁ ।

ମଣିଷମାନଙ୍କୁ ଶୃଙ୍ଖଳା ଓ ସଂଜମତାର
ପାଠ ପଢ଼ାଇଲୁ ।

ସ୍ୱଚ୍ଛ ରହିବା ସୁସ୍ଥ ରହିବାର ମହତ୍ତ୍ୱ
ସମସ୍ତଙ୍କୁ ଜଣାଇଲୁ ।

ଡାକ୍ତର ମାନଙ୍କୁ ଡରାଇ
ତୁ କେଡ଼େବଡ଼ କାମଟେ କରାଇଲୁ ।

ପାଟିଲାକୁ ନେଲୁ ମଝିମଝିଆଙ୍କୁ ନେଲୁ
କେତେବେଳେ ପୁଣି ଖାଲି କଞ୍ଚା ଗୋଟାଇଲୁ ।

ହେ କରୋନା ଏ ତୁ କ'ଣ କଲୁ !
ତୁ ଅଚାନକ ଆସିଲୁ
ଡରାଇଲୁ
ଚେତାଇଲୁ
ଶିଖାଇଲୁ
ସବୁଠି ନେଲୁ
ସମସ୍ତଙ୍କର ନେଲୁ
ସବୁ ତୁ କଲୁ ନା
ତୋ ନାଁ ରେ କରୁଥିଲେ
କେଉଁ ଇଶ୍ୱର !

ଭକ୍ତିଯୋଗ

ଯେବେ ଯେବେ କଥା ଉଠେ କୃଷ୍ଣ ପ୍ରେମର
ତେବେ ତେବେ ନାଁ ଆସେ ଗୋପ ଗଉଡୁଣୀ ରାଧାଙ୍କର
ଯେବେ ଯେବେ କଥା ଉଠେ କୃଷ୍ଣ ଭକ୍ତିର
ସେବେ ସେବେ ନାଁ ଆସେ ମହାରାଣୀ ମୀରାବାଈଙ୍କର
ତେବେ କହି ପାରିବ କି କୃଷ୍ଣ କାହାର ?
କାହାର ତାଙ୍କ ଉପରେ ପୂରା ଅଧିକାର ?

ବାସ୍ତବରେ ସେ କାହାର ?
ସେ ଦେବକୀଙ୍କର ନା ଯଶୋଦାଙ୍କର ?
ରୁକ୍ମିଣୀଙ୍କର ନା ଅନ୍ୟ ପାଟରାଣୀଙ୍କର ?
ସେ ରାଧାଙ୍କର ନା ସେ ମୀରାଙ୍କର ?
ଦେବତାଙ୍କର ନା ମଣିଷ ମାନଙ୍କର ?
ସେ ଜଣକର ନା ସମସ୍ତଙ୍କର ?

ଜୋର୍ ଦେଇ କହିପାରିବେନି କେହି
ସେ ତାଙ୍କର
ସେ ସମସ୍ତଙ୍କର ପୁଣି
ନୁହଁନ୍ତି କାହାର
ସେ ନିଜର ପୁଣି ପୂରା ସଂସାରର
ଯେତେବେଳେ ଯାହା ପାଖରେ
ସେତେବେଳେ ସେ ତାଙ୍କର

ସେ ନାରୀର ସେ ପୁରୁଷର
ମିଳିଥିଲେ ସେ ପାଗଳ ପ୍ରେମରେ
ଭକ୍ତ ଚୈତନ୍ୟଙ୍କର।

ଚୈତନ୍ୟ ପାଇଥିଲେ କୃଷ୍ଣଙ୍କୁ
ନା ଚୈତନ୍ୟ ଥିଲେ ନିଜେ କୃଷ୍ଣ
ଆସିଥିଲେ ସେ ସୂଚାଇ ଦେବାକୁ
ଭକ୍ତିଯୋଗର ମହିମା !

ଆହା କି ପ୍ରଚଣ୍ଡ ପ୍ରେମ ଥିଲା କୃଷ୍ଣ ପାଇଁ କୃଷ୍ଣଙ୍କର !
ଆହା କି ଅଗାଢ଼ ଭକ୍ତି ଥିଲା ଚୈତନ୍ୟ କୃଷ୍ଣ ଚେତନାରେ !
ପୁରୀ ଆସିଥିଲେ ଦେଖିବାକୁ ଥରେ
ରୂପ କଳି କୃଷ୍ଣଙ୍କର
ଫେରି ନ ଥିଲେ ସେ ଦେଖିଦେଲା ପରେ
ଦିବ୍ୟ ରୂପ ଜଗନ୍ନାଥଙ୍କର।

ବୁଝିହେଇଯାଏ
ହେଇଥିଲେ କୃଷ୍ଣ କାହାର
ପୂରା ନଥିଲେ ସେ କାହାର
ପୂରାପୂରି ହୋଇଥିଲେ ପାଗଳ ଭକ୍ତର।

ଯିଏ ଜାଣେ ସିଏ ଜାଣେ
କି ଦିବ୍ୟ ମହିମା ସତେ
ଏ ଭକ୍ତିଯୋଗର !

■

ହେ ଜଗନ୍ନାଥ !

କେବେ କିଛି ଘଟିନାହିଁ
ଏବେ କିଛି ଘଟୁନାହିଁ
କେବେବି କିଛି ଘଟିବ ନାହିଁ
ହେ ଜଗତ ଠାକୁର ଜଗନ୍ନାଥ !
ତୁମ ଇଚ୍ଛା ବିନା କିଛି ଘଟେନାହିଁ।

ଅତ୍ୟନ୍ତ ମୂର୍ଖ ଏ ମଣିଷ
ନହେବା କଥାକୁ କରିବାକୁ ଯାଇ
କଷୁଥାଏ ବଳ,
ତୁମ ସୃଷ୍ଟିର ଅଜବ ଆଶ୍ଚର୍ଯ୍ୟ ସେ
କାଣ୍ଡଜ୍ଞାନ ଶୂନ୍ୟ ମଣିଷ !

ଲୋକେ କହନ୍ତି - ପଇସାର କୁଆଡ଼େ ଭାରି ବଳ !
ପଇସାବାଲାର ଖାତିରି ବଡ଼
କିଣିପାରେ ସେ ଅସମ୍ଭବ ଦୁର୍ଲଭ ଜିନିଷ, ଥିଲେ ପଇସା
ନ୍ୟାୟକୁ ଚପେଇ ହୁଏ ଧପେଇ ହୁଏ ଧର୍ମକୁ,
ପଇସାତ ସାର ସଂସାରର
ଆଉ ସବୁ ଅସାର ଅପାର,
ସଂସାର ହାଟରେ ଲାଗେ ନାଟ
ପଇସାବାଲା ପଇସାର ଦେଖାଏ ଛାଟ।

ହେଲେ ଏସବୁ ମୋତେ କେବେ ବିଚଳିତ କରି ପାରେନା,
ସତ୍ ରେ ଚାଲିଛି ଜୀବନେ
ସତରେ ମୁଁ ବଞ୍ଚୁଥାଏ, ଲାଗେ ମୋତେ
ପଇସାବାଲାକୁ ପଇସାବାଲା ବନେଇବାରେ
ତା' ସବୁ କିଣାକିଣି ଖେଳରେ
ତୁମର ସମ୍ମତି ଥାଏ, ତୁମ କୃପାଦୃଷ୍ଟି ବିନା
ମିଳେନା କାହାକୁ କିଛି ଏଠି।

କଥା ଯେ ବି ସତ- "ଅନ୍ୟାୟ ବିତ୍ତ ବଢ଼େ ବହୁତ
ଗଲାବେଳେ ଯାଏ ମୂଳ ସହିତ", ମୁଁ ଦେଖିନାହିଁ କି
ତୁମେ ଦେଉଥିବାର (?) ଛପର ଫାଡ଼ି ବହୁତ କିଛି
ଆଉ ଦେଖିଛି ମୁଁ ତୁମକୁ ନେଇନେବାର,
ସର୍ବସ୍ୱାନ୍ତ କରି ଛାଡ଼ିଦେବାର,
ଖାଲି ବୁଝାପଡ଼େନା ଦୁନିଆକୁ
ତରିକା ତୁମ ଦବା ନବାର,
ଯେତେ ଦେଇଥାଅ ଆଗ ଦୁଆରୁ
ସମୟ ଆସିଲେ ନେଇଯାଅ ସବୁ ପଛ ଦୁଆରୁ।

ଦୁଃଖ ଦରିଆରେ ଘାଣ୍ଟିବାକୁ ପଡ଼େ ତୁମ ଆକ୍ରୋଶରୁ
ତୁମ ଆଶୀର୍ବାଦରୁ ସିନା ଧନ ଲାଭ ହୁଏ
ପ୍ରସନ୍ନ ହୁଅନ୍ତି ଲକ୍ଷ୍ମୀ,
ତୁମେ ତ ଚେତାଉ ଥାଅ ସବୁ କଥାରେ
ପ୍ରତି ମୁହୂର୍ତ୍ତରେ
ହେଲେ,
ଏଡ଼େ ଫଟା କପାଳିଆ ଏ କଳିକାଳର ମଣିଷ
ବୁଝିପାରେ ନାହିଁ ଶତଶତବାର ଜତାଇଲା ପରେ ବି
କେଡେ ପାଷାଣ୍ଡ ଏ ମଣିଷ !
ବୁଝିପାରେନା ସେ ଦାରୁବ୍ରହ୍ମ ତୁମେ
ବଞ୍ଚିଲା ଠାକୁର
ନୁହଁ କାଠରେ ତିଆରି ଜିନିଷ।

ପାଇଗଲି

ବୁଲି ଯାଇଥିଲି
ପୁଣ୍ୟଧାମ ପୁରୀକୁ
ଠାକୁରେ କେମିତି ଅଛନ୍ତି
ପଚାରି ବୁଝିବାକୁ ଯାଇଥିଲି
କଳା ଶ୍ରୀମୁଖକୁ ।

ସକାଳୁଆ ଦର୍ଶନ କରି ବାହାରିଲି
ଯାଇ ଛିଡ଼ାହେଲି ସେଇଠି
ପ୍ରଭୁ ଚୈତନ୍ୟ ଯେଉଁଠି ଛିଡା ହୋଇଥିଲେ
ମହାପ୍ରଭୁଙ୍କ ସାନିଧ୍ୟ ଲାଭ ପାଇଁ ।

ଭାରି ଭିଡ଼ରେ ଥିଲେ ସେ !
ଭକ୍ତ ମାଳମାଳ କେତେ କୋଳାହଳ
ସେ ଭିତରେ ମୁଣ୍ଡ ଉଠାଇ ଦେଖିବାକୁ ଚାହିଁଲି ତାଙ୍କୁ
ଚାହିଁଲି ଚକାନୟନଙ୍କୁ, ଚାହିଁ ରହିଲି କିଛି କ୍ଷଣ
ଭୟ ମିଶା ଭକ୍ତିରେ, ସେ ସିଧା ଚାହିଁଦେଲେ ମୋତେ
ଛାତି ଥରିଗଲା,
ମୁହୂର୍ତ୍ତକ ଭିତରେ ବିଦ୍ୟୁତ ଝଟକା ଲାଗିଲା ପରି
କଣ ଗୋଟେ ଦେହସାରା ଖେଳିଗଲା, ସତେ ଯେମିତି
ଦେହ ଯାକର ରକ୍ତ ଗୋଛିଆସି ଜମାହେଲା ମୋ ହୃତପିଣ୍ଡରେ

ପୁଣି ଛାଟି ହୋଇଗଲା ବଳପୂର୍ବକ
ଶରୀରର କୋଣ ଅନୁକୋଣକୁ,
ରକ୍ତର 'ଧମନୀ ଫଟା ଦୌଡ଼'।

ଆଉ ଚାହିଁ ପାରିଲିନି ତାଙ୍କୁ !
ତାଙ୍କ କଥା ପଚାରିବାକୁ ଯାଇଥିଲି ନିଜ କଥା ପଚାରିଦେଲି
ମନ୍ଦିର କାନ୍ଥରେ କଡ଼େଇ ରହି
ମନ କଥା ପଚାରିବସିଲି-
କାହିଁ ଦେଖିପାରୁ ନାହିଁ ତୁମକୁ ସିଧା ଦେଖିପାରୁ ନାହିଁ ?
ସିଧା ସିଧା ଉତ୍ତର ମାଗିଲି ଠାକୁରଙ୍କୁ।

କାହିଁକି ମୋ ଆଖି ମିଶେଇ ପାରୁନାହିଁ ତମ ଆଖିରେ ?
କି ପାପ କରିଛି(?) ଅକାରଣେ ଦଣ୍ଡ ଭୋଗୁଛି,
କୋଉ ଜନ୍ମର କଳା କର୍ମ
ମତେ ପଛରୁ ଭିଡ଼ିଧରୁଛି ?

ଅଭିମାନ କରିଛି ସତ
ବହୁବାର, ହେଲେ
କେବେ ଅବମାନନା କରିନାହିଁ ତୁମର,
ଅଜାଣତେ ଭୁଲ୍ ଯଦି କରିଛି
ଏ ପତିତକୁ କଣ କ୍ଷମା ଦେବ ନାହିଁ ?

ଏତିକିରେ
ବଡ଼ ଘରେ ରହୁଥିବା
ବଡ଼ ହୃଦୟର
ବଡ଼ ଠାକୁର ହସିଦେଲେ,
ହସିଦେଇ ମୋ ହୃଦୟରେ ସାହସ ସଂଚାର କରିଦେଲେ,
ଇସାରା ଇସାରାରେ ବୁଝାଇ କହିଲେ-
ତୋତେ ରାଗରେ ନୁହେଁ ଖୁସିରେ ଦେଖିଥିଲି

ଆଖି ଉଠେଇ ଦେଖ ତୁ
ମୁଁ ତୋ'ରି ଅପେକ୍ଷା କରିଥିଲି ।

ସେତିକିରେ ମରିଗଲି
ମୃତ୍ୟୁକୁ ମାରିଦେଲି ମୁଁ
ଜୀବନରେ ପାଇଥିବା ଦୁଃଖ ସବୁକୁ ପାଶୋରି ଦେଲି,
ଆଖି ଉଠେଇ ଦେଖିଲି ଜଗମୋହନଙ୍କ କୋଳରେ ବସିଛି ମୁଁ
ଯାହା କେବେ ମନାସି ନଥିଲି
ପାଇଗଲି !

BLACK EAGLE BOOKS

www.blackeaglebooks.org
info@blackeaglebooks.org

Black Eagle Books, an independent publisher, was founded as a nonprofit organization in April, 2019. It is our mission to connect and engage the Indian diaspora and the world at large with the best of works of world literature published on a collaborative platform, with special emphasis on foregrounding Contemporary Classics and New Writing.

www.ingramcontent.com/pod-product-compliance
Lightning Source LLC
Chambersburg PA
CBHW060619080526
44585CB00013B/901
* 9 7 8 1 6 4 5 6 0 4 5 0 1 *